图解服务的细节

067

売り場づくりの法則84

让顾客不请自来！卖场打造84法则

[日] 福田博秀 著

吴婷婷 译

人民东方出版传媒
People's Oriental Publishing & Media
東方出版社
The Oriental Press

序

全球范围的经济下滑正影响着零售行业。现在，各种信息可以不受时间、距离、国境的约束，瞬间传达给每一个人，一件看似遥远的事情可能立刻就影响到自己。

这么多年的实践经历让我切实地感受到，原本认为只是一家地方的小型专营店不会有什么关系，结果却也受到了全球经济萧条的影响，出现了不景气的状况。

对零售行业来说，营销力是非常重要的。如何打造有魅力的店铺，不仅要基于商圈布局以及日本国内的经济形势，还要一边仔细观察全球市场动向，一边发挥自身独特性。

尤其是需要确定店铺的目标是将顾客的进店频率提高到怎样的程度，这一点很重要。

现在正是全球化的时代，每家店铺都会迎来世界各国的顾客。这也说明零售店在经营方式上，应该更具有全球化的视野。

但是，无论哪种情况，店铺发挥其吸引力的根本都在于“打造卖场”。

从打造卖场和陈列商品的角度来讲，首先要做好基础部分，将应该展示出来的内容恰如其分地表现出来，这样打造出的卖场就达到了八成的效果，剩下的其中一成需要在打造和陈列的过程中添加一些新变化，最后一成是接待顾客的服务，要充分考虑到顾客需求，打造出满足顾客需求的卖场。

那么，具体应该如何做呢？

其实，一切答案尽在卖场中。也就是说，在打造卖场的时候，应该尽量观察卖场的实际情况、倾听来自卖场的声音，虽然这点被认为是最困难的，但也是最有效、最能够尽快解决问题的方法。

我出版过一部名为《有趣就畅销！商品陈列的99法则》的商品陈列方面的书籍，承蒙大家厚爱，收到了许多朋友的来信。其中，一位来自广岛药妆店的读者为我提出了这样的意见——“您这本书对基础知识的介绍很通俗易懂，对我很有帮助，但我觉得如果书中能够附加即使外行也能明白的解说部分就更好了”。

在编写那本书的过程中，我原本以为自己已经写得足够浅显易懂，但听到那样的声音后，我开始反省。

既然这样，那么今后我一定要以每位读者都能透彻地明白其中内容为目标进行编写。于是，3年后的今天，这本书诞生了。在本书中，我将多年来改造卖场、指导商品陈列等过程中听到的来自现场各方的大量疑问及意见，进行了收集、编辑和汇总，整理成册。

比如，收集了卖场实际操作和陈列商品过程中对于“不知道怎么办才好”“在这种情况下怎样做才更有效果”“难道就没有更好的办法了吗”等诸如此类的来自卖场现场的声音，以 Q&A 的形式进行讲解说明。我想通过这种归纳总结的方法，应该能够满足那位广岛的读者所提出的意见吧。

此外，本书还分享了一些卖场的实际改良案例，并尽可能采用现场照片。如果能为您提供些许参考，我将备感荣幸。

最后，真心地希望本书中的内容能够为各位在改造卖场和商品陈列方面提供一些帮助。

资料提供会社：

社团法人公开经营指导协会

有限会社下野装饰

株式会社商店剧场

株式会社丸正

株式会社七彩

株式会社 YAMATOMANEKIN

吉村纸业株式会社

株式会社 ALPHA

株式会社 JEWELERS JAPAN

卖场改善案例研究①

店铺介绍：鞋子专营店——T 店案例

地　　点：群马县高崎市

改善要点：想打造一个能够更好地展示商品、方便顾客找到需求商品的卖场环境。陈列形式采用 T 店提出的“提案型陈列”。

改善前：封闭的，很难进入。

改善后：将侧面的墙面开放，变身为透明橱窗。

改善后：主通道变得清晰、显眼、明亮，具有回游性（来回走动——编者注）。

改善前：商品摆放杂乱，很难挑选。

改善后：对商品进行整体布局设计，摆放整齐、清晰明了，便于顾客找到需要的商品。

改善前：商品陈列杂乱无序，不统一。

改善后：变更为整齐划一的陈列方式。

改善前：装饰过多，看不清楚商品的本身。

改善后：商品内容一目了然。

改善后：将鞋子之外的手提包也一起搭配摆放，以组合的方式开展“提案型”展示形式。

卖场改善案例研究②

店铺介绍：珠宝专营店——K 店案例

地　　点：熊本县熊本市

改善要点：整理商品的库存并重新摆放，为顾客打造一个陈列清晰，并易于购物的卖场环境。

外部装潢：外观上给人一种随随便便的感觉，作为珠宝店让人有些难以进店。

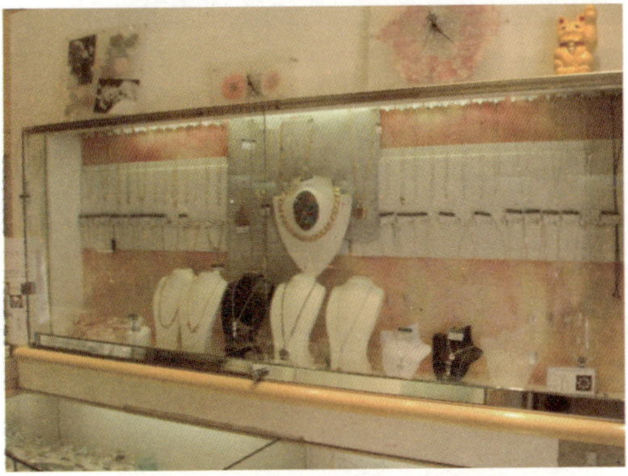

改善前：商品的陈列不成系统。

改善后：以商品的统一性和核心卖点为要点陈列商品。

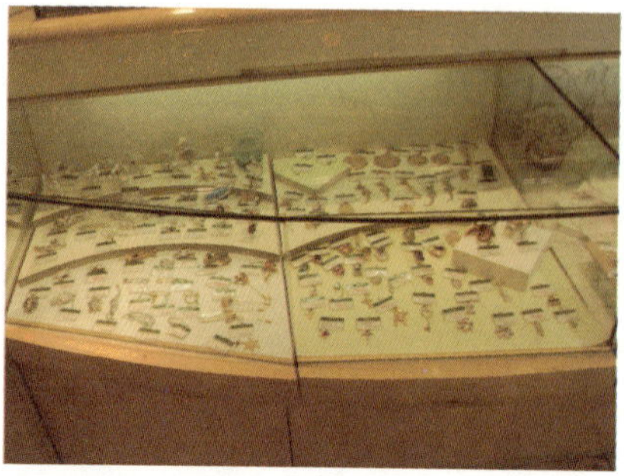

改善前：商品的陈列有些繁杂。

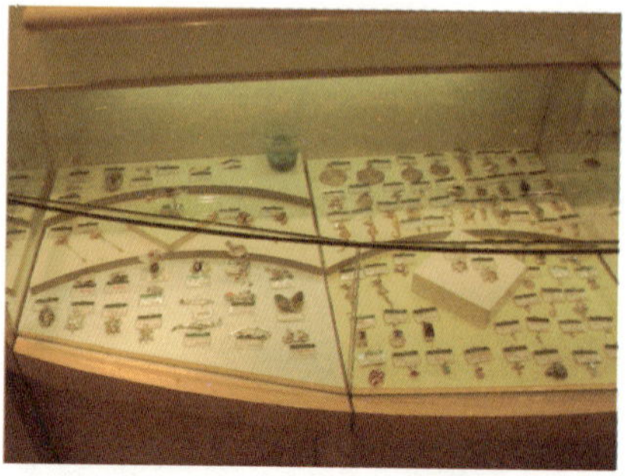

改善后：像“棋盘的格”一样横竖整齐地陈列商品。

改善前：商品过多，没有重点。

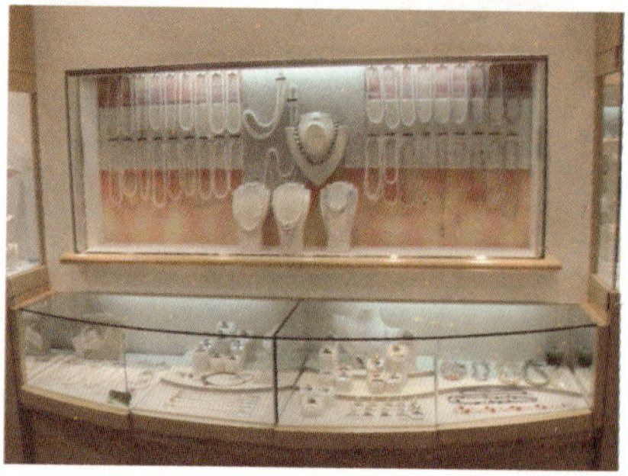

改善后：在陈列上更关注商品的适当的量感和核心卖点。

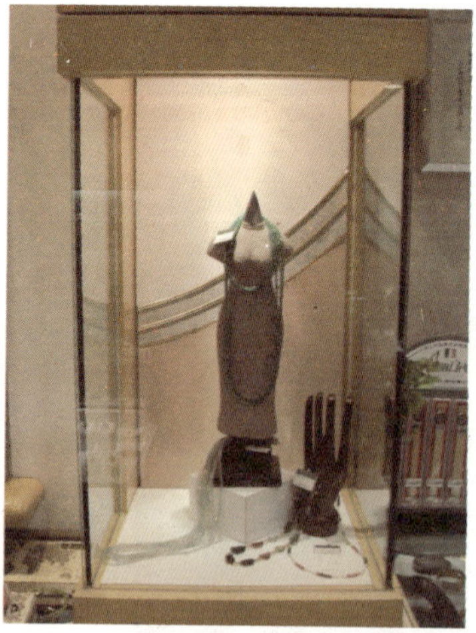

改善前：没有关注陈列商品所要表达的重点。

改善后：重点突出，采用立体式陈列。

卖场改善案例研究③

店铺介绍：茶店——M店案例

地　　点：茨城县水户市

改善要点：店铺在陈列上比较细致用心。陈列区域分为“展示区域”和“购买区域”两个部分，虽然都布置了吸引顾客的要点，却没有发挥很好的效果。需要改善这一点。

外部装潢：外观花哨，让人感觉像服装店。

改善前：各种要素混杂在一起。

改善后：抹茶工具成套展示。商品套装展示便于顾客查看。

改善前：展示的商品过多，削弱了重点。

改善后：集中展示想重点推出的商品以及商品的核心魅力。

改善前：陈列的茶筒和茶杯比较有量感，但是缺乏对顾客的“提案性”。

改善后：打造具有“提案性”的茶具展示空间。

改善前：虽然有商品区分，但是陈列上变化太多，很难查找。

改善后：陈列整齐，顾客很容易找到所需商品。

卖场改善案例研究④

店铺介绍：服装店——O 店案例

地　　点：东京都涩谷区

改善要点：该店属于时尚自然风格的服装专营店，开设在百货商店内的服装卖场。由于卖场的空间有限，所以无法充分展示商品，顾客也无法自由走动。这一点是改善的重点。

改善前：虽然针对店铺过道，设置了一些商品展示空间，但由于商品摆放得四处皆是，目标商品不明确，给人一种杂乱感。

改善后：为了让顾客了解店铺的主力商品，在店铺的中心位置陈列搭配好的服装，吸引顾客目光，并将饰品配件等杂货陈列在店铺的一侧，吸引顾客进店。

改善前：由于商品的收纳用具不齐全，商品陈列也不完整，所以不易于顾客查找。

改善后：通过店铺内的过道线路引导顾客。衣架上陈列的服装属于最大众化的消费区域，顾客能够自由选购商品。

改善后：服装和配件等杂货放在一起陈列摆放。在展柜上清晰地区分商品种类、整齐摆放也是向顾客传达自身价值观的一种陈列方式。

卖场改善案例研究⑤

店铺介绍：和式杂货特产店——B 店案例
地　　点：广岛县廿日市市宫岛
改善要点：廿日市市宫岛拥有世界遗产严岛神社以及著名的“锦水馆”。由于店铺内摆放着这些有独特性的特产，所以在商品的陈列上，着力改善这些商品的陈列位置，让顾客更容易找到，并在布局设计上重点突出能够吸引顾客的商品。

外部装潢：外观设计上采用红色的毛毡，很有特产店的感觉。

从当地名产到各种和式杂货，应有尽有。

改善前：商品种类繁多，陈列上让人感觉可以看到很多商品，很有趣，但不易查找。

改善后：利用层阶式的小平台使商品摆放呈现阶梯型，易于查看和查找。

改善前：商品只是并排摆放，希望有张弛性。

改善后：以重点突出的“捆绑式”进行陈列。

改善前：入口处的陈列缺乏气氛。

改善后：利用商品的凸起式陈列所营造的气氛吸引顾客。

改善前：披肩形成了一面墙，看不到里面，阻挡了顾客的视线。

改善后：前面采用置放型陈列，里面利用吊挂式，易于顾客查看。

目录
CONTENTS

第2章 抓住顾客的行动心理！打造魅力卖场的秘诀

第 3 章 通过数据掌握卖场情况！

店内库存的有效陈列方法

第 4 章 来自卖场的应季魅力！

促进销售、加速商品周转的方法

第 5 章 用“感觉”和“科学”打造卖场!

用“感觉”和“科学”打造卖场的方法

第 6 章 向顾客传递信息！打造有效的商品展示的方法

第 7 章 把负变为正！使卖场重新获得生机的方法

第8章 利用工具提高卖场魅力！ 有效活用打造卖场中关联要素的方法

第 9 章 知晓优点和缺点！对比陈列的方法

第10章 做到这些就完美了！卖场的检查要点

第 1 章

来自卖场的“提案”!

打造卖场和陈列商品的基础

“应该如何打造卖场呢?”首先最重要的是明确打造卖场时的基本想法。如果这种思路不清晰,打造出来的卖场势必会缺乏统一性,不够完整和不彻底。

卖场不是“销售商品的场所”,而应该是“为顾客提供生活建议的场所”,商品和服务的存在都是基于这一要素。为了体现这种想法,产生了各种各样打造卖场的方法以及展示商品的方法。

01 打造卖场的基本思路是什么？

打造卖场的时候，不仅仅是销售的商品，还应该同时考虑其他各种要素。那么，在制订计划的时候，应该考虑哪些事情呢？

在打造卖场时，首先需要明确店铺想向顾客传达怎样的信息。如果对于这一点模模糊糊、含糊不清，那么打造出来的卖场也会让人感觉莫名其妙，缺乏吸引力。

卖场吸引顾客的方法有两种，一种是“店铺单方面展开的吸引顾客的方法”，另一种是“通过店铺与顾客的共有信息吸引消费者”。

店铺单方面展开的方法中比较有代表性的是“价格吸引法”和“品质吸引法”。

在“价格吸引法”中主要是让顾客感觉到购买某件商品得到了“实惠”。但是，如果不能维持相当令人惊讶的价格，是无法达到预期效果的。

“品质吸引法”就是利用商品的品质吸引顾客。但是，因为现在保持商品的质量已经是理所应当的事情，所以店铺已经无法以商品的品质作为卖点吸引消费者了。特别是现在的消费者需求的是更安心、更安全，以及生产地等商品本身的信息，这已经成为新的商品品质诉求。

因此，像“价格”和“品质”这种店铺单方面吸引顾客的方法，如果没有仔细斟酌，提出具体可行的办法，对消费者是缺乏冲击力的。

另一种是“信息共有卖场”。所谓的“信息共有卖场”指的是“将价值观共有化”的卖场。不是以“拥有”商品这点来吸引顾客，而是打造一个让顾客看到商品就能觉得这件商品“会给我的生活加分”、一个能够将商品和生活关联在一起的卖场。以顾客和店铺共有信息的形式唤起共鸣，推动消费者购买商品。

现在的卖场环境变化快、周期短。伴随着社会生活变更的多样化，顾客的购买动向也以快速的周期在不断变化着。

在“信息共有卖场”中也应该充分考虑这种购买动向的变化。

信息共有卖场的价值内容

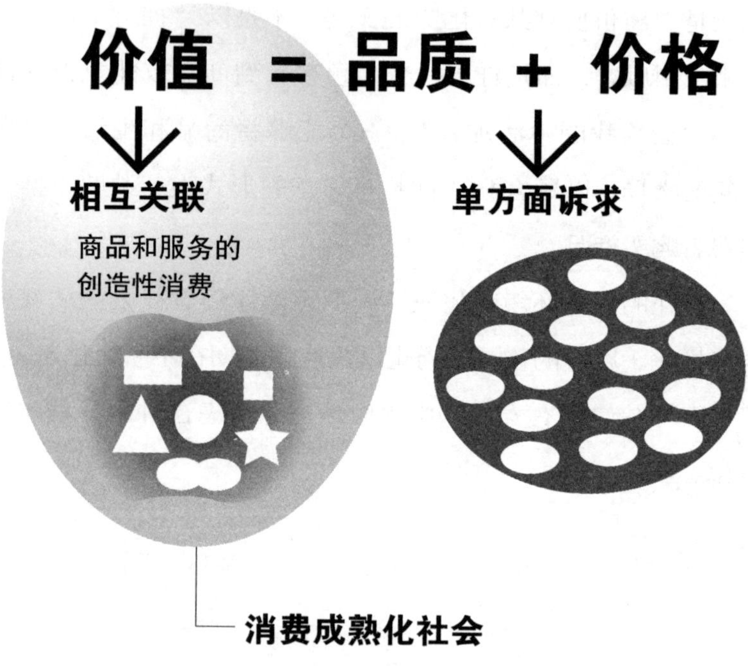

02 满足顾客需求的魅力卖场是什么样的？

对顾客而言，什么样的卖场才是有魅力的卖场呢？

如果店铺不能吸引顾客进店，就无法形成买卖。因此，有必要将店铺打造成让顾客想“特意”去的“特别店”。为了达到这样的目标，就需要发挥自身魅力，吸引顾客进店。

那么，顾客希望的“富有魅力的卖场”到底是什么样的呢？从打造卖场的角度来说，主要有以下几个方面。

① **有吸引力**：顾客不知不觉步入的店铺就是有魅力、有吸引力的店铺。这意味着顾客对该店铺的“忠诚度”很高，也就是说，顾客对该店铺充满信任感，满足度高，有非常好的印象。

② **有趣味性**：所谓充满趣味性就是指顾客光顾该店铺感到很开心，譬如在卖场里有各种各样新奇的发现，自己需求的商品、各种产品信息以及购物建议应有尽有，这种“知晓”“看到”“发现”“触摸”的快乐也是顾客所期盼的。

③ **有一贯性**：顾客拥有好感度的店铺都是在他们印象中有一贯性、统一感的店铺。这里的一贯性主要指“视觉要求的统一”和“视觉控制”。也就是说，打造有好感度的卖场

需要满足消费者在视觉需求上的平衡。

④ **有话题性**：有话题性的店铺，顾客只是进店就感觉能与店铺共有话题，客户的满足度会提升。通过增加信息和流行趋势的发送频率，提高店铺的认知度，提升自身形象。

⑤ **有变化**：卖场应该经常保持活跃，充满变化。

⑥ **有身份**："有身份" 指的是店铺和卖场的品牌化。由于对店铺的历史、培养出来的员工、商品本身的信用力而产生的高好感度，形成了店铺的 "身份价值"。

顾客需求的魅力卖场

有吸引力 →	印象好，满意度高
有趣味性 →	经常举办活动，有新发现，有优惠
有一贯性 →	视觉的统一感
有话题性 →	认知度高，有流行趋势
有变化 →	有时代感，经常发布新信息
有身份 →	品牌力，有历史感，有信用力

03 怎样确定卖场主题？

据说打造卖场和展示商品的基础是“确定卖场主题”。那么，应该怎样确定卖场主题呢？

在打造卖场和展示商品的时候，关键是将店铺的理念和商品的卖点传达给顾客，让顾客了解卖场与其他店铺的差异。为了使这些内容清晰化，就需要确定卖场主题。卖场有了主题，就可以围绕主题打造卖场和展示商品了。

关于“主题”，主要有以下几个方面：

① 基于“主力商品”的主题设定

- 新商品
- 主力销售商品
- 处理商品
- 应季主力商品
- 活动主力商品

② 基于“生活方式”的主题设定

- 按照年龄划分
- 按照风格划分
- 按照生活用途划分
- 按照感觉划分

③ 基于“季节需求”的主题设定

- 应季商品
- 季节中购买欲望高涨的商品
- 季节活动及生活习惯

④ 基于“店铺特色”的主题设定

- 原创品牌
- 与其他店铺的差异化
- 特色的概念品牌
- 宣传活动和大型活动的开展

确定主题

打造卖场＝确定主题。

没有主题的卖场就没有核心，缺乏吸引力。

无论是卖场整体，还是其中的每个区域，都需要拥有"主题"。

确定主题的关键

1 基于主力商品的主题设定

① 介绍主力商品，宣传卖点
② 利用新商品和流行商品强化商品销售
③ 推出优惠价格商品

2 基于生活方式的主题设定

根据生活方式的不同，主题设定也有所不同。一般来说，设定时应该重点展示出商品在使用过程中能够发挥的效果，使顾客感受到商品的好处，促进销售

3 基于季节需求的主题设定

"季节感"能够提升顾客的购买欲望，商品的季节交替也使店铺变得更富有变化性

4 基于店铺特色的主题设定

店铺对于某件事物的执念就是店铺的特色，也是店铺给顾客留下的印象。这就是店铺的个性和品牌力

04 “商品展示”的基本要求是什么？

为了提高“商品展示”的魅力，需要注意哪些方面呢?

所谓的“商品展示”，就是店铺向顾客“提案”——“这件商品怎么样”。为了推荐商品，店铺需要有“一些自己的想法”，我们将这称之为“概念”。

也就是说，“展示”就是将这种“概念”视觉地表现出来。

那么，“展示”工作的顺序以及需要注意的要点有哪些呢？内容如下：

① 确定主题

巩固理念。明确主题内容和目标。

② 设定展示空间

设定能够表现店铺主题的卖场区域，并确认空间环境。

③ 确定设计方案

在图纸上确定店铺设计方案，并选择“展示”中必备的要素。然后，确认执行人和必要的工作人员，并开始筹备相关工作。

④ 确定主力商品

⑤ 确定关联商品

⑥ 确认展示工具

确认商品展示中需要使用的工具、POP 广告、照明等。

⑦ 现场工作

确认工作的顺序，开展相应的“展示”工作。

⑧ 反馈

确认展出商品的“展示”时间段，并完成实施报告和成果报告书。

商品展示

打造卖场 = 有“提案”。所谓“提案”就是商家向顾客展示的店铺理念，它属于信息共有类的交流，这一点对消费者很有吸引力。

在“商品展示”中，为顾客提供具有建议性的商品提示。没有“展示”的卖场是缺乏魅力的、无聊的、单调的。因此，在卖场中一定要设置“提案区域”。

展示的过程

1 确定主题

巩固理念

2 设置展示空间

确认场所环境

3 确定设计方案

确定店铺理念

4 确定主力商品

确认商品

5 确定关联商品

挑选关联商品

6 确认展示工具

展出中需要的小道具、POP 等

7 现场工作

确认工作顺序

8 反馈

确认展出时间段及完成报告

05 “商品陈列”的基本要点是什么？

商品在陈列过程中是有一定顺序的，那么它的基本要点是什么？

虽然卖场中分别设有“展示空间”和“陈列空间”，但是如何设计、利用占有较大比重的“陈列空间”，直接影响着卖场留给顾客的整体印象。

其实，所谓“陈列”就是指将商品的优点细心地、精心地传递给顾客。一般来说，就是站在顾客的角度，通过陈列的方式让顾客能够更容易看到、找到、了解、比较商品。在陈列商品的时候，具体顺序如下。

① 确认陈列商品的分类

将陈列的商品进行分类，区分商品，把握商品的整体库存情况，这也叫作“商品整理”。通过整理商品，明确什么位置陈列什么样的商品能比较吸引消费者。

② 确认陈列商品的比例

确认库存商品和陈列商品以何种比例分配，根据其分配比例的不同，商品的陈列方式也会有所不同。

③ 确认陈列位置

陈列布局的问题。通过思考在什么位置陈列什么商品、采取什么样的销售战略、推出怎样的主力商品等一系列的销售计划，确认商品的陈列位置。

④ 确认陈列用具

确认用来陈列商品的工具是否与商品本身所要表现的理念相符。为了使商品在陈列上更具魅力，务必使用能够衬托商品气质的道具。

⑤ 实际陈列

在陈列商品的时候，特别是在将商品正面展示给顾客的“正面陈列”中，一定要注意陈列商品的变化性，要让顾客感觉进入眼帘的商品是丰富的、有趣的。

⑥ 把握整体的平衡感

商品陈列结束后，要试着以顾客的角度重新确认陈列商品的平衡感，以及是否能够吸引消费者等。

开展商品陈列

陈列就是将商品精心地展现出来，并将自身的价值观恰到好处地传达出去。在陈列过程中应该充分展现商品特性。

商品的陈列空间占据卖场空间的绝大部分。
因此，以何种形式陈列商品直接影响着卖场留给顾客的印象。
现在，能够将商品的优点完美地传达给顾客的陈列形式得到了更多消费者的支持。

陈列的过程

1　确认陈列商品的分类

整理商品

2　确认陈列商品的比例

确认商品库存

3　确认陈列位置

商品布局位置

4　确认陈列用具

使用工具

5　实际陈列

陈列方法

6　把握整体的平衡感

从顾客的角度确认

06 如何打造一个让顾客感到舒适的卖场空间？

怎样才能把卖场打造成一个让顾客感觉“舒适”的空间呢？

卖场不是简单地放置商品的地方，它是将店铺的想法、方针、姿态以视觉方式呈现出来的空间。

首先需要明确的是店铺的整体理念，这一点非常重要。因为它直接决定着卖场将以怎样的形象展现给顾客，在顾客的心中会留下什么样的印象。同时，如何将整体理念融入实际设计中也是成功打造卖场的关键。

顾客在选择店铺的时候，通常有以下几个基准——舒适性、空间带来的印象、包括卖场展示商品在内的“表现展示”等。

① 确定顶棚至地板之间高度的使用方法

由于陈列的高度不同，顾客拿到商品的方式也不同，所以对这一点应该给予充分考虑。

② 把握空间整体给予顾客的印象

空间整体留给顾客的印象一般大致上分为“酷酷的感觉”和“暖暖的感觉”两种，选择哪一种，需要根据具体情况认真思考、决定。

③ 把控空间颜色

因为色彩总是能给予人很强的冲击力，所以在设计卖场空间的时候，应该将商品的颜色也同时考虑进去。

④ 实际开展视觉营销

战略性、计划性、持续性地开展视觉营销（VMD=参照113页），对打造卖场形象比较有效果。

⑤ 把控空间设计

有计划地开展设计，同时需要注意整体设计上的统一感。

⑥ 开展有主题性的设计

在店铺的设计上，应该注重独特性和主题性。能够一看到店铺就印象深刻的设计才是设计空间时所追求的。

在打造店铺的卖场空间时，需要着重顾客的舒适性、愉悦感和满意度，使顾客感觉特意光顾店铺是有价值的。

打造卖场空间

店铺不是简单地放置商品的地方，而是将其想法、方针、姿态等以视觉方式呈现出来的空间。
顾客在选择店铺的时候，卖场空间带给人的印象以及卖场内的“商品展示”等也与商品一样，都是吸引顾客的关键点。

从商品的“填鸭式空间”向有推荐性的“展示空间”转变。
卖场是将店铺的形象传达出去的重要空间。
它不但影响着顾客的来店频率，对销售额也有很大影响。

陈列过程

1　明确空间高度的使用方法

考虑顾客的身体条件

2　把控空间整体印象

“酷酷的感觉”和
“暖暖的感觉”

3　把控空间颜色

把控颜色

4　开展 VMD

战略性、计划性地开展

5　把控空间设计

有统一感的设计

6　开展有主题性的设计

独创设计

07 怎样将店铺门口的顾客吸引到店内？

将顾客从店铺门口吸引到店铺内有哪些方法呢？

我经常听到这样的声音：明明店铺门前的客流量挺多的，但是为什么顾客都只是经过，而不走进店铺呢？虽然其中一定存在店铺门口设计、装饰等方面的问题，但实际上，这也与店铺内部有着很大的关系，仅改善店铺门口是无法解决问题的。

首先，店铺门口有两个作用。

① **使通过店铺门前的行人驻足。**为了使行人驻足，需要在门脸的布局设置上多下功夫。比如，利用精致的橱窗展示使行人驻足、利用店铺门前的商品销售吸引行人注意、利用门店活动使行人停留等，通过这样的方法来提高行人的驻足率。

② **给行人留下好印象，使行人能够轻松进店。**给行人留下好印象可以提高进店频率，轻松进店能够增强彼此之间的亲近感，这也是打造店铺门面的目的。

顾客对店铺的印象首先来源于对其门面的直观感觉，它作为判断要素，直接影响着顾客是否中意店铺。

比如，顾客能够通过门面给予他的印象，判断该店铺

“看起来是家有趣的店”“好像里面有我喜欢的商品”“入口展示区的商品挺有感觉的”“好漂亮的店啊” 等。

这种印象就是吸引行人驻足，唤起顾客走进卖场再看看其他商品的原动力。

驻足在店铺门前就意味着行人对该店有兴趣。

另外，不仅是店铺门口，在店内的设计布局上也应该多花费些心思吸引顾客。

比如，在店内的醒目位置设置“VP（参照 113 页）展示”，即能够在视觉上唤起顾客注意力的陈列展示、完善吸引顾客的店内环境、打造顾客能够自由进出的舒适的店内气氛、丰富卖场商品摆设形式等都是布局的重点。

吸引顾客进店的要点

将店铺门前驻足的顾客吸引到店铺内。

顾客的兴趣点

- 商品的种类好多啊
- 感觉好有趣的店啊
- 有好多优惠啊
- 好漂亮的卖场啊
- 能够走来走去自由购物哇
- 入口处的商品展示太棒了
- 这家店让人感觉好舒服啊

店内布局的要点

- 在店内设置重点、吸引顾客
- 采用量感陈列，使顾客能够进行商品比较
- 完善吸引顾客进店的店内环境
- 打造舒适的环境
- 即使什么也不买也愿意自由进出的氛围
- 张弛有度的卖场

08 提高卖场回游性的重点是什么?

为了尽可能提高顾客在卖场的回游性，应该注意哪些呢?

顾客进入店铺后，接下来的课题就是怎样让顾客尽可能长时间地留在店内，也就是说怎样才能提高顾客在店铺的回游性。提高回游性的重点就在于“让顾客感觉到卖场是非常有趣的”。

那么，什么样的卖场才是有趣的呢？比如，看到某种陈列后获得了很有用的建议、知道某些信息后得到实用性的优惠，以及令人舒服的商品展示等。如果你亲自光顾店铺，就能体会到其中充满乐趣的卖场在顾客心目中都是有趣的、有吸引力的。

① 注意顾客动线

在顾客动线（又称为“客动线”）的规划上，考虑到目的是增加顾客在店内的停留时间，所以要设定尽可能长的客动线。由于顾客都希望在短时间内买到自己的目标商品，所以在布局卖场的客动线时，应该注意顾客在移动过程中的愉悦性。

② 注意顾客的停留率

顾客在商品前的停留率高，说明卖场的打造是成功的。

如果停留率比较低，说明应该重新审视卖场的布局设计。

如果卖场的布局能够引起顾客兴趣，那么商品就很容易进入顾客的眼帘，使顾客的停留率提升，随之提高商品的购入量和顾客在店内的回游性。

③ 注意陈列时的易于接触性

顾客在购物的时候，对于自己感兴趣的商品一定要亲自触摸确认后再购买。所以，在陈列商品的时候，需要注意商品的摆放应该使顾客易于接触。

如果采取的是自选式销售，那么自然没什么问题，但如果采取的是接待式销售，商品又陈列在柜台内，那么就需要构建一个通过 POP 广告等宣传方式就可以了解陈列商品内容，并且能够与服务人员轻松进行沟通的销售模式。

④ 注意陈列时的易于比较性

顾客在购入商品的时候都会进行比较。如果陈列方式易于顾客对比商品，就会提升顾客的满意度，促进商品的销售。

提高回游性的关键

将店铺门口驻足的顾客吸引到店内。

顾客动线 → **基本要点**

① 研究卖场空间的形状
② 布局商品
③ 设定通行路线
④ 考虑回游性
⑤ VP、PP、IP 的形态
※详细参照 113 页

×

驻足 → **基本要点**

① VP 理念
② 商品的展示形式
③ 商品区域的开展情况
④ 布局

×

接触商品 → **基本要点**

① 陈列展示
② 商品布局
③ 使用的器具、道具
④ POP 推荐

×

比较研究 → **基本要点**

① 陈列形态
② 商品量
③ 陈列方法
④ POP 的形式

09 商品布局的要点是什么？

在布局商品的时候，应该注意哪几点呢？

打造出来的卖场是有趣的，还是单一无聊的，这与商品布局有很大关系。

卖场的打造核心是要使顾客感觉卖场是有趣的。所以打造卖场的时候应该有规划性，其中的重点就是商品布局。

那么，在对商品进行布局的时候，应该注意哪几点呢？

① 怎样规划顾客动线

在规划顾客动线的时候，需要充分考虑到顾客的回游性。通过动线的设计，使计划商品能够得到充分的关注，提升卖场的经营效率。

② 怎样设定 VP、PP、IP

VP 设定在卖场和柜台最显眼的位置。PP 设定在商品群中较明显的位置。IP 是根据商品群的不同，以易于顾客购买为基本前提进行布局。

③ 怎样平衡商品群中量

在对商品进行布局之前，需要充分考虑到卖场中每件商品数量的平衡，以及顾客动线和回游性。

④ 使顾客能够无阻碍地进行购物

在商品进行布局的过程中，也应该考虑到顾客购物时的一系列行为，比如看到商品→找到商品→购买商品等，在布局的时候，为顾客的这些行为尽可能提供便利，使顾客能够无阻碍地进行购物。

⑤ 保持周围商品的统一性

将同种类的关联商品放在一个区域里进行布局。这个区域就是商品分类，明确其中的布局能够使顾客更容易找到商品、购买商品，完善购物环境。在对商品进行布局的时候，也需要注意关联商品在陈列上应该易于比较，以刺激顾客的消费欲望。

布局商品

打造卖场 = 充分考虑到顾客回游性的商品布局。
无缝隙、挤满商品的布局方式让人感到憋闷。

在布局商品的时候，应该考虑到顾客动线的两面性。一是顾及顾客心情的动线设计，二是站在店铺的角度，进行以促进顾客消费为前提的动线设计。基本上，以店铺利益为出发点的动线设计是布局商品时的核心。

布局的重点

1　怎样规划顾客动线

布局的时候，优先考虑顾客动线的回游性，提升卖场的经营效率

2　怎样设定 VP、PP、IP

合理布局 VP、PP、IP，顾客动线的设计和卖场舒适性的打造是重点
※具体参照 113 页

3　怎样平衡商品群中的量

商品的量决定卖场的空间。布局的时候，需要考虑商品整体数量和销售计划

4　使顾客能够无阻碍地进行购物

在充分考虑顾客购物时的一系列行为后进行布局

5　保持周围商品的统一性

通常需要同时把握卖场整体和周边布局进行设计。注意统一感

10 使卖场活跃，吸引顾客再次光顾店铺的重点是什么？

在使卖场活跃的同时，希望能够吸引顾客再次光顾店铺，那么，应该注意些什么呢？

顾客是否再次光顾店铺有很多原因，虽然不能一概而论，但其中有一个要点，就是提升顾客的“忠实度”。

也就是说，提升顾客的信赖度与提高顾客光顾店铺的频率是有很大关系的。所以在日常的经营中就注重店铺的活跃性是非常重要的。

店铺活跃性的核心是店铺如何传达本店的高品质信息，这直接反映在顾客的来店频率上。

具体来说，就是顾客因为光顾店铺有了一些亲身感受，获得了“体感信息”。比如，捕获了流行趋势、得到了商品优惠信息、参与到店铺的宣传活动中、能够实实在在地将需求的商品握在手中等。

首先，需要检查以下几点。

① 明确店铺方针

- 通过顾客的生活方式抓住顾客的心
- 促使顾客再次光顾的重点是店铺活跃性

- 零售店铺的机会在与顾客的每次接触中

② 商品表现的角度

- 流行性角度
- 信息角度、价值角度
- 注意顾客的生活方式

③ 有效的卖场打造

- 分析顾客动线，评估卖场的打造是否合理
- 全面开展 VMD（参照 113 页）
- 想象商品的使用场面，展现其价值

④ 制作简易清单、测定效果

- 推定顾客再次来店评价

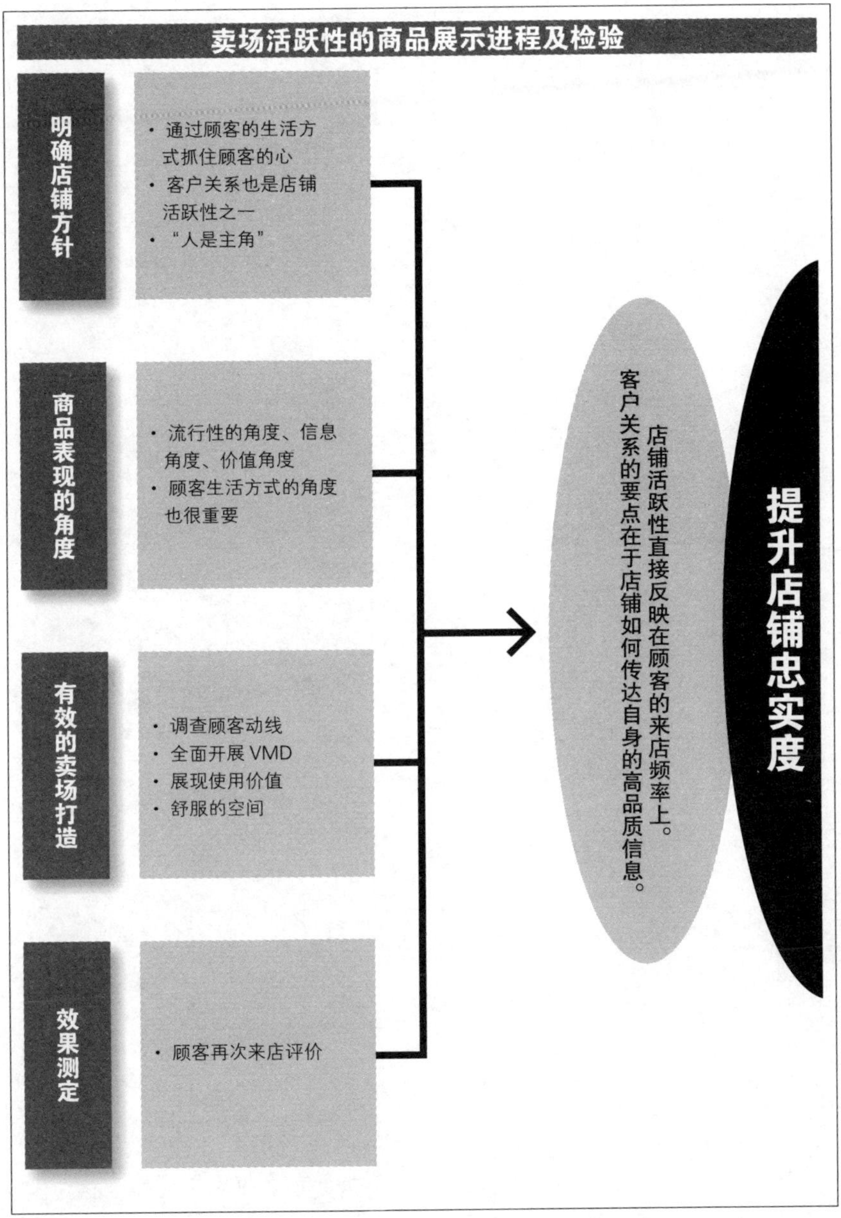
卖场活跃性的商品展示进程及检验
明确店铺方针
· 通过顾客的生活方式抓住顾客的心
· 客户关系也是店铺活跃性之一
· “人是主角”
商品表现的角度
· 流行性的角度、信息角度、价值角度
· 顾客生活方式的角度也很重要
有效的卖场打造
· 调查顾客动线
· 全面开展 VMD
· 展现使用价值
· 舒服的空间
效果测定
· 顾客再次来店评价
店铺活跃性直接反映在顾客的来店频率上。
客户关系的要点在于店铺如何传达自身的高品质信息。
提升店铺忠实度

第 2 章

抓住顾客的行动心理！

打造魅力卖场的秘诀

怎样才能打造出有魅力的卖场呢？要素之一是卖场的“提案力”。

所谓“提案”，指的是店铺通过（展示或搭配）商品和（提供）服务等向顾客询问“（这件/这样）怎么样”。“提案”通常代表了店铺的“自身想法”，所以我们也将其称为“（店铺）理念”。

为了充分体现店铺理念，不仅要在卖场陈列商品，还要在卖场中设计“有张弛的空间”。在设计这样的空间时，基本要点是抓住顾客的购物行为和购物心理，并突出展出商品的故事性。

11 为什么需要在卖场中设置“展示区域”、“挑选区域”和“购买区域”？

为了打造能够方便顾客购物的卖场，应该注意哪几点呢？

所谓打造卖场，就是将卖场打造成一个能够提高顾客回游性，利用店铺布局引导顾客购物的空间。

通常将卖场或专柜分为 3 个区域。

① 展示区域：展示商品的场所，使商品易于观察

在销售某件商品的时候，如果不让顾客亲眼见到商品，商品的存在感就很弱。为了让顾客看到商品，涉及如何展示商品，以及如何把商品的魅力表现出来。展示商品是促使顾客购物的开始。通过展示，可以让顾客对商品产生一定的认知，吸引顾客购买。

- 陈列商品的时候，一定要注意将商品的魅力展示出来
- 陈列“提案商品”
- 将商品富有美感地，并与其他商品差异化地陈列

② 挑选区域：挑选商品的场所，使顾客感受到有选购乐趣的空间

“挑选区域”是为顾客提供其感兴趣的商品的空间，使

顾客通过在这一空间里挑选商品，对商品产生兴趣，促进顾客消费。在布局“挑选区域”的时候，应该注意商品在陈列上需要让顾客感觉到挑选商品是充满乐趣的。

- 通常将“挑选区域”设置在“展示区域”旁边。陈列时注意商品的摆设应该尽可能便于顾客挑选商品，并刺激顾客的购买欲望
- 将商品分类，便于顾客挑选

③ 购物区域：挑选后顾客决定购买的场所

坚定顾客购买决心的空间。在这一空间的打造上，应该注意传达商品的价值，使顾客坚定购买决心，促使顾客消费。

- 能够轻松拿到商品的陈列方式
- 能够坚定顾客购买决心的陈列和环境
- 能够马上买到

构成卖场的3个区域直接影响顾客的再次来店

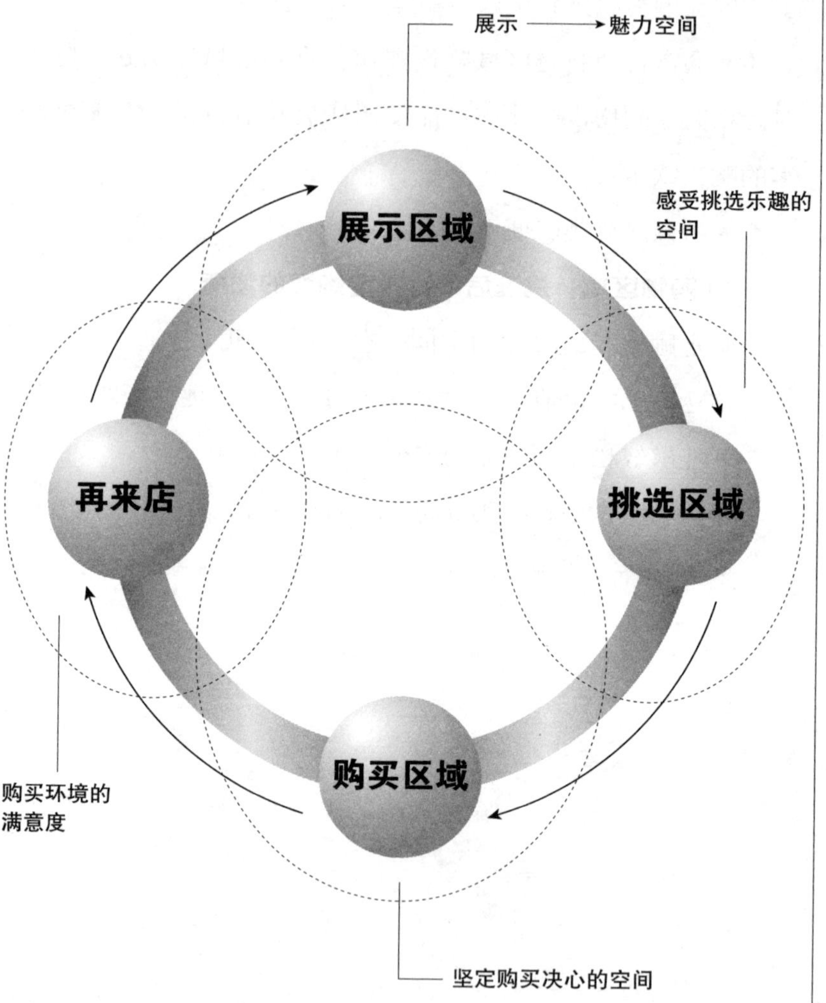

12 使卖场变得有趣的提案力和表现力是什么?

为了使顾客能够愉快地在卖场回游，店铺需要在设计布局以及商品陈列等方面多花费心思，那么其重点是什么呢?

通常，有趣的卖场都是充满活力的，在商品的陈列和展示上也拥有绝妙的视觉感受。

这一点影响着顾客的回游性，与顾客的购买概率、再次来店的提升有直接关系。那么，如何才能打造有趣的卖场呢?在打造的过程中，应该注意哪几点呢?

在打造卖场的时候，有一点非常重要，即将卖方的想法落实为“形”。如果不能达成这一步，那么无论是怎样完美的想法，也无法以具体的形式、以顾客看得到的方式传达出去。

“形”的日语读音为“Ka Ta Chi”，将卖场落实为“形”的过程可以认为是“Ka”→“Ta”→“Chi”。

①“Ka”的展开

“Ka”是“Ka Ta Chi”的第一步。指的是想法阶段，比如在生活中发觉开发某件商品的可行性，脑海里闪现出的某种概念。

- 从顾客的意见和抱怨中觉察
- 从市场的动向、热点和流行趋势中觉察
- 在日常生活中，觉察到“要是有这个就好了”

②“Ta”的展开

“Ta”存在于从“Ka”过渡到“Ka Ta Chi”的过程中，是指有了想法后，为了落实为“形”而花费的心思。

- 从表里、横竖斜面等所有角度进行讨论研究
- 构建理念文化

③“Chi”的展开

将“Ka”和“Ta”的想法落实到“Ka Ta Chi”，即“形”中。全面把握卖场整体的发展，考虑效果的活用。

- 考虑 VMD 的表现形式
- 设计力影响表现效果
- 提案力、表现力刺激顾客购买欲望

经过 3 个阶段，将想法落实成“形”

	Ka 觉察 想　　法	Ta 创造 过　　程	Chi 完成 表　　现
意　思	基于顾客的意见、市场动向、生活需求、社会现象等方面进行企划	从各个角度讨论企划的事情，为将其表现在“形”上做各种准备	如何将“形”完整地表现、传达给顾客。落实“Ka Ta Chi”
重　点	灵感、词汇	理念构造	VMD 表现

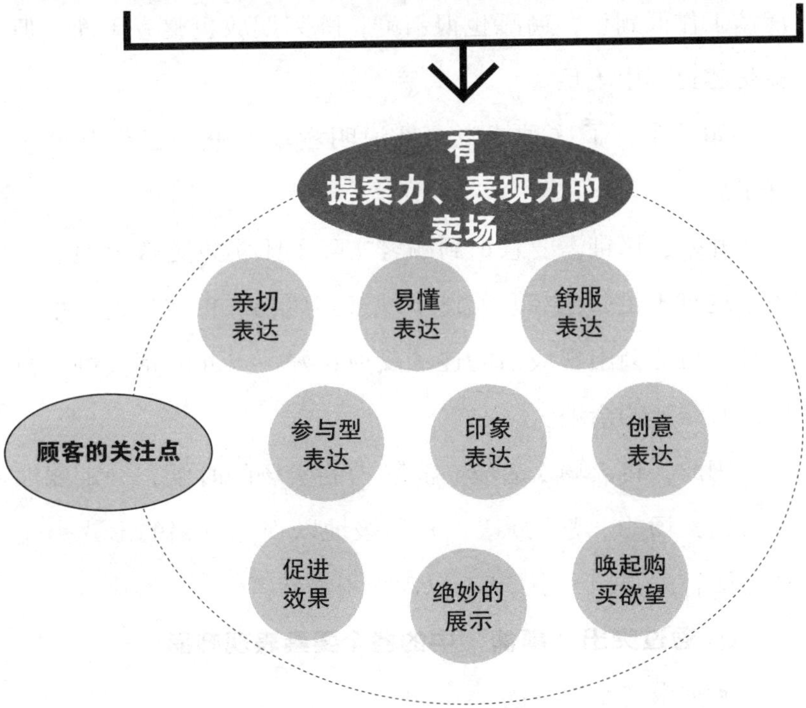

13 如何改善无趣的卖场？

总感觉卖场哪里不足，没有意思。那么，有什么好的改善方法吗？

卖场中的商品陈列虽然很整齐，商品的量也适度，但就是感觉卖场无表情、没有生机，不能给顾客带来感动。虽然清洁工作很到位，商品也很新鲜，陈列摆放也整齐干净，但就是感觉哪里不足。

如果你有了这种感觉，就说明卖场的魅力已经开始下降了。

此时，店铺需要意识到顾客实际上比卖方更敏感地感觉到了这种不足，已经开始逐步地远离店铺。也就是说，糟糕的话，可能会出现成倍的连锁反应；好一点儿的话，可能暂时还有缓解的余地。

因此，将卖场改造成充满魅力的卖场的时候，一定要注意打造卖场的“魅力点”，并积极地以视觉营销的形式突出顾客比较关心的“事情”，以此吸引消费者。

① 通过突出“事情”中的各个要素表现商品

- 突出商品的特色
- 突出提案性

- 突出当下最有热点的话题性
- 突出季节性、必要性
- 突出价格的不寻常性
- 突出商品的流行趋势、憧憬性

② 打造“魅力点”的表现方法

- 比起较低的位置，商品应该摆放在适合视觉范围的高度
- 店铺重点陈列的商品应该摆放在较其他商品更宽敞的地方
- 结合使用光线、声音、香味和映像等
- 注意美感的打造能够提高关注度
- 利用陈列上的平衡感引起消费者的关注

提高卖场的魅力

卖场的陈列让人感觉食品充满应季性，整个店铺都洋溢着新鲜的气息

以领带为核心的橱窗展示，充满季节感。给顾客一种清爽的印象

14 如何利用卖场的“点”“线”“面”提高卖场的活用率？

通过什么办法能最大化地活用卖场面积呢？

我们应该把卖场当作一个“面”。在这个面上点上一些“点”，用“线”连接各个“点”，然后通过线形成面。也就是说，“点”＋“线”＝“面”（详见《有趣就畅销！商品陈列的 99 法则》）。

“点”指的是吸引顾客的重点，“线”指顾客动线，“面”指卖场本身。首先需要设置点，点的特点是要有自身魅力，能够吸引顾客；其次将这些点合理地布置在面上，再连接成线，延长顾客动线。随着动线的不断延伸，逐渐覆盖构成面。这样，就能最大限度地活用卖场了。

①“点”＝陈列上应该与其他商品有明显的差异化

只有点发挥了效果，才能继续形成线和面。

- 突出商品的魅力
- 发挥活动商品的作用
- 推出关注度高的商品

②“线”＝应该尽可能长地设计动线

线主要指顾客动线。

- 将有关联性的点连接在一起
- 通过合理布局有故事性的点，计划性地设计动线
- 保持路线的通畅性

③“面”=线越复杂越长，面就越大

无论卖场是什么形状，如果能够利用卖场的每一个角落，即最大化地使用卖场的面积的话，这个卖场就是一个活用率非常高的卖场。

- 把握顾客动线的成型状况
- 因为点的布局直接决定着顾客动线是否能够顺利地开展，所以需要检查点的设置是否合理

打造卖场的点、线、面

在店铺正面的最深处设置的点一定要有冲击性。通过这样的视觉冲击吸引顾客，提高卖场的有效活用率

在店内设置有吸引力的点

店铺中点的设置

通过在店铺中设置点，提高顾客的回游性。因此，设置的点一定要充满魅力，能够吸引顾客

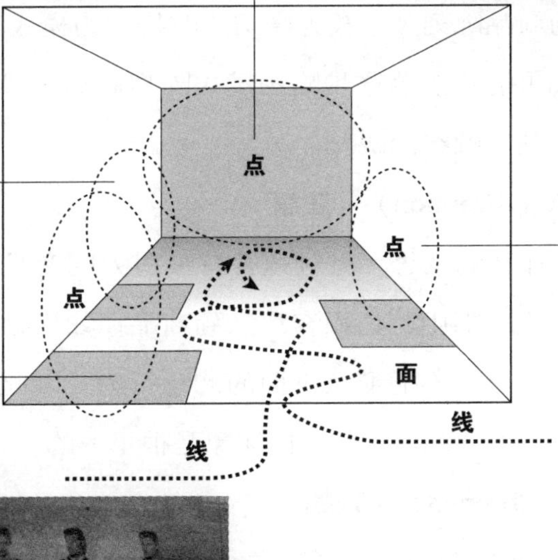

在橱窗中设置吸引顾客进店的点

15 刺激顾客消费的陈列方法是什么?

在陈列商品的时候，如果能够基于顾客的购物心理，就可以满足顾客需求，促进顾客消费。有什么好的办法吗?

关于顾客的购物行为，我介绍过几例一般性的购物模式。其中，与商品陈列关系较为密切的购物行为模式就是 AIDCA 模式。如果能够按照这种购物模式陈列商品，就可以吸引顾客眼球，刺激顾客消费。

① A（Attention）= 注意

A 是注意的意思。将对顾客有吸引力的商品陈列在进店顾客的视线范围中，让顾客注意到商品。如果顾客进店不能看到商品，显然不能继续下面的购物行为。因此，让顾客注意到商品，对商品产生最初的印象是很重要的。

② I（Interest）= 兴趣

I 是兴趣的意思。为了使顾客对注意到的商品感兴趣，注意一定要将商品的“脸”，即商品的正面朝向顾客。在商品的陈列上，也需要注意搭配的协调性，这样会使商品更有吸引力。在展示商品的布局上要多花心思，将“吸引顾客”作为陈列重点，将卖场打造成一个能够让顾客情不自禁驻足的

"魅力空间"。

③ D（Desire）= 欲望

D 是欲望的意思。为了激发顾客的购物欲望，促使顾客消费，在陈列商品的时候，需要注意商品的陈列一定要有助于顾客了解商品，便于顾客挑选商品，这一点很重要。

④ C（Confirmation）= 确认

C 是确认的意思。顾客的内心有了购买某件商品的想法后，一定会拿在手里进行确认。确认之后再购买商品能够提高顾客的购物满意度。所以，在陈列商品的时候，需要注意将易于比较的关联商品摆放在一起，便于顾客挑选。

⑤ A（Action）= 行动

A 是行动，也就是购买的意思。店铺在这部分的设计上，需要注意给予顾客在选择商品上以充足的时间，并且在决定后能够立刻购买到商品的体制。

基于 AIDCA 模式的商品陈列

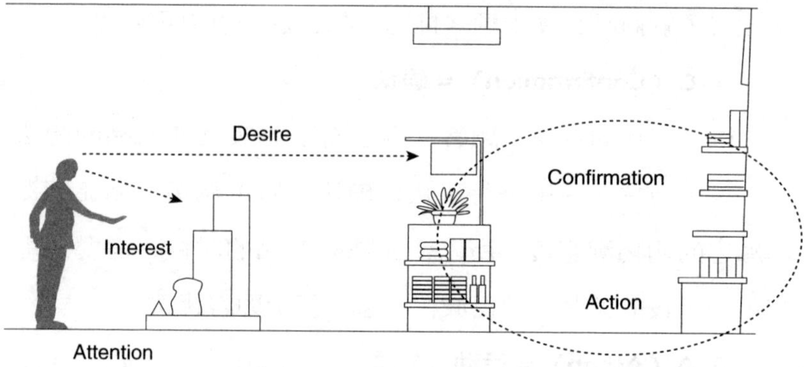

模式		重点	卖场关注点	心理活动	陈列方式	卖场区域
A	Attention	注意	进入眼帘	哎哟!	VP	展示区域
I	Interest	兴趣	正面陈列	这是什么?	PP	
D	Desire	欲望	侧面陈列	好想拥有它啊!	IP 陈列	挑选区域
C	Confirmation	确认	能拿到手中	感觉挺不错的!	比较陈列	购物区域
A	Action	行动	购入	决定了!	能让顾客立刻购买的陈列	

16 布置卖场的重点和秘诀是什么？

据说如果合理地布置卖场，使其有效地发挥作用，整个卖场就会充满生机。那么，其中的重点是什么呢？

在打造卖场的时候，如果能够明确目的和重点，就会提高打造效果，增强商品对顾客的吸引力，这直接影响卖场的销售情况。这其中的重点就是“卖场布置”。所谓“布置”，其实就是店铺在顾客选购商品时，为顾客提供的“提案”。

① 以“商品背景”为重点吸引顾客

在布置商品的时候，应该将商品设定在一般的生活场景中，让顾客感受到如果使用了该商品，就能够达到这样好的效果。这种以“商品背景”为重点的布置方式，旨在通过将商品的主要价值传递给顾客，促进顾客消费。

② 张弛搭配，吸引顾客

顾客对于商品总是存在感兴趣的和并不太感兴趣的。在布置商品的时候，不要将全部商品都无规划地统统摆放在一起，而是要结合顾客对商品兴趣的强弱，将商品有张弛地进行搭配，合理摆放，吸引顾客。

③ 加深印象，吸引顾客

在布置设计的时候，以主力商品为中心，搭配其他商品。

这样可以加深顾客的印象，促进顾客消费。

④ 注重视觉上的统一感

在布置卖场的时候，应该注意利用视觉的冲击力来吸引顾客。其中，比较有效的增强视觉冲击力的方法是使摆放的商品具有统一感。因此，在展出商品的时候，统一的视觉效果是非常重要的。

⑤ 1 个主题内信息控制为 3 个

在布置卖场的过程中，一定要严禁过多的信息堆砌。所以经常会设置一些标准，比如“在 1 个主题内的信息不能超过 3 个”等。

⑥ 3 个阶段，促进消费

为了促进顾客消费，使顾客顺利完成购物过程，一般需要设置“让顾客看”“让顾客感兴趣”“让顾客了解” 3 个阶段。

卖场设置的 3 个阶段

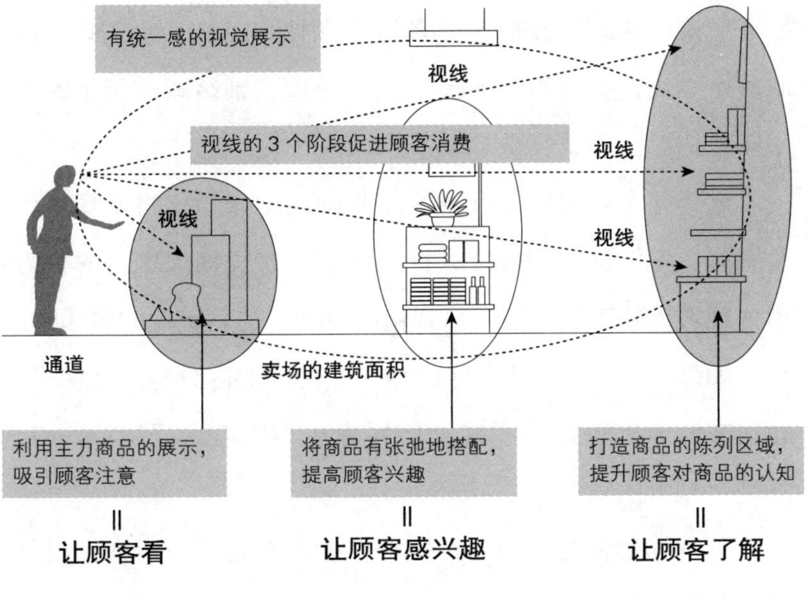
有统一感的视觉展示
视线
视线的 3 个阶段促进顾客消费
视线
视线
视线
通道
卖场的建筑面积
利用主力商品的展示，吸引顾客注意
将商品有张弛地搭配，提高顾客兴趣
打造商品的陈列区域，提升顾客对商品的认知
让顾客看
让顾客感兴趣
让顾客了解

17 打造卖场的时候，应该如何考虑到顾客的“视野”？

据说如果能够清楚顾客的“视野”，就可以比较轻松地布局整个卖场。那么，具体是怎么一回事呢？

所谓“视野”指的是能看到的范围。“站在店铺门口，放眼整个卖场，看到的卖场状况”就是该店铺给顾客留下的第一印象。

店铺在布置卖场的时候，需要确认比如怎样将卖场展示给顾客、希望留给顾客什么样的印象、怎样捕捉顾客的视野引导顾客消费等，通过一系列精心设计，提高卖场的销售额。

如果将卖场划分为几个区域，卖场内的区分就比较明显，也能够使顾客较容易了解卖场的构造。其中需要注意一点，就是“视野的认知”。

所谓“视野的认知”指的是“顾客在视线范围内感受到的卖场形象”。

这与卖场面积的大小无关，卖场是整洁舒适的，还是杂乱无序、令人烦躁的，顾客站在卖场门口放眼卖场时，第一印象就已经形成了。

如果能够合理地整理商品，那么无论商品的数量是多还是少，卖场都会呈现给顾客一种整洁、舒适的感觉。

所谓“整理商品”就是将商品分类。通过对琳琅满目的商品进行分类，顾客能够更容易找到自己需求的商品。

整理商品后，接下来就是陈列商品。如何能够令顾客感到舒服、让顾客更容易看到所需商品，都需要通过这一过程来完成。

像这样，让顾客如何看待、感受整理分类后的卖场就是“视野的认知”的重点。因此，整理分类与“视野的认知”有很密切的关系。

比如，像下页图中所示的时装专卖店，站在店铺的门口就能够看到店铺的最里面，这种情况下，店铺最里面的商品的重点就是，如何捕捉顾客的视野，吸引顾客，这也直接影响顾客在店铺内的回游性。

视野与卖场的重要关系

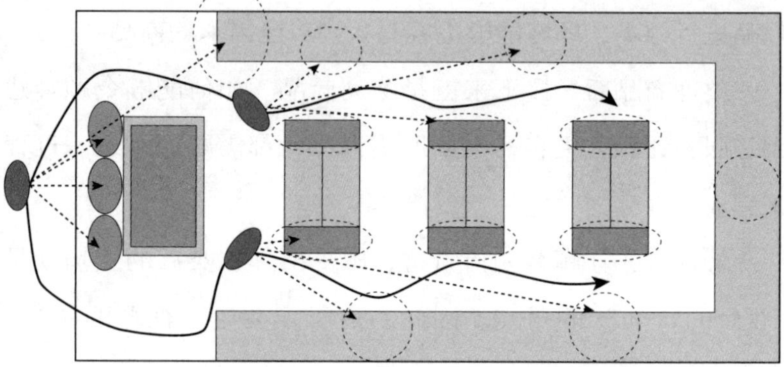

药妆店

因为进入顾客视野的商品数量较多，所以视野变得比较窄。在陈列商品的时候，应该将重点平衡地布局在卖场内，并设计动线，使顾客能够到达卖场的预设位置。

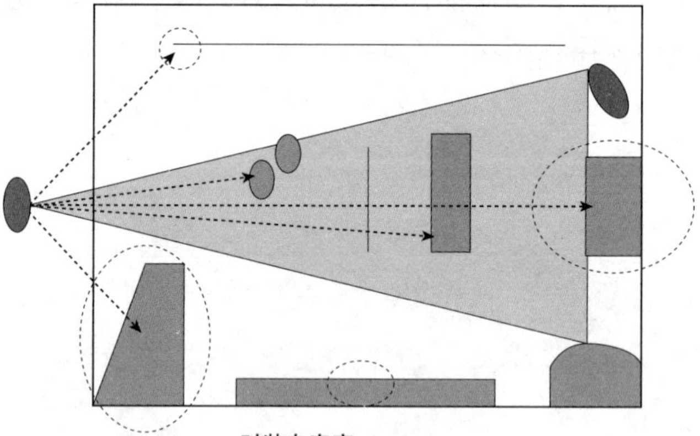

时装专卖店

卖场空间能够一目了然的时候，如何使空间更具有魅力，吸引顾客走到卖场的最里面是设计空间时需要重点思考的问题。因此，在卖场的最里面一定要打造出能够足够吸引顾客目光的重点区域。

18 如何根据顾客的行为打造卖场？

据说如果仔细观察顾客的行为，就能够了解店铺的布局是否合理。那么，具体是怎么一回事呢？

一般来说，顾客在店内的行为如 57 页图所示，分为以下流程：

进店→在店内走动→停住脚步→确认商品→购买

顾客的这种行动过程的背后，实际上是“购买心理”在起作用。因此，如果能够基于这种心理打造卖场，就可以影响顾客的购物行为。

① **觉得想进店看看**：顾客在门口感觉店铺是有趣的，自然就想走进店铺仔细地看看。因此，店铺需要完善其入口处，让顾客站在门口就能感受到店铺的舒适性，促使顾客能够轻松地走进去。通常，通过店铺门前的装饰和橱窗展示吸引顾客。

② **觉得想在店里多走走**：店铺的过道畅通无阻才能促使顾客多在店铺内停留。因此，在打造卖场的时候，注意在过道上不要陈列商品，以免阻碍顾客通行，整个卖场要舒适、明亮，使顾客愿意在里面多走走、多看看。在卖场中设计能够使顾客不自觉地回游的“魅力点”也很重要。

③ **想仔细看看商品，于是停下来**：“看”是这部分的重点。顾客在看到商品后，在自己感兴趣的商品或店铺的提案商品面前停下脚步，“停下脚步”这种动作与最后的购买有直接的关系。如果顾客不看商品，就没有任何效果，不利于顾客查看的商品陈列是无法吸引顾客的。因此，在陈列商品的时候，应该注意尽量让顾客看到更多的商品。

④ **确认商品**：停下脚步，将商品拿在手中，进行比较确认，这种行为说明顾客已经有了购买欲望。因此，在陈列商品的时候，注意商品在摆放上要易于顾客比较。

⑤ **购买**：卖场要为顾客提供一个当其决定购买某件商品时，就能够迅速入手的购物环境。让顾客在选择商品过程中能够随意对比，决定购买的时候能够马上拿到商品，这些都是提高顾客满意度的条件。

抓住顾客心理的打造卖场的方法

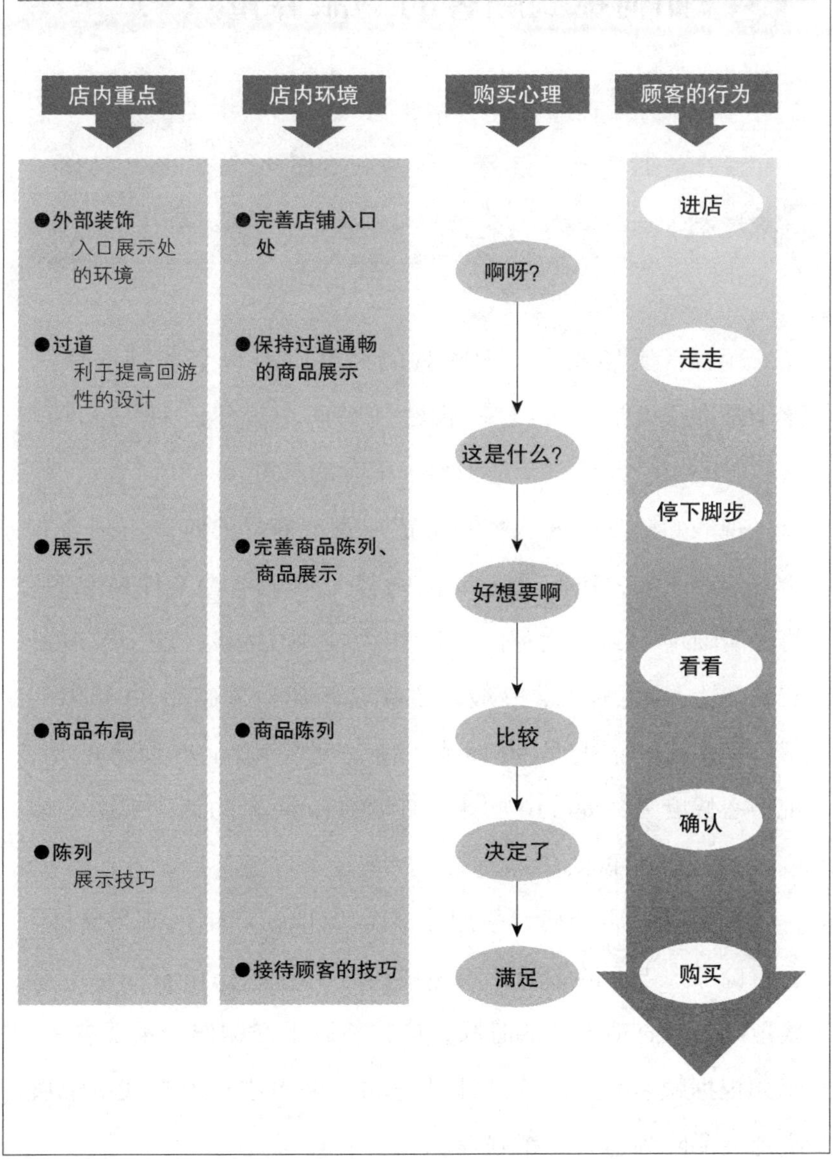

19 如何抓到顾客的“眼界重点”？

据说为了让顾客能够清晰地看到店内的商品，店铺在设计的时候比较注意“打造眼界重点”。那么，具体说是怎么一回事呢？

顾客看卖场或卖场内陈列的商品时有一个“基准线”，这个基准线就是“视线”。视线包含两个部分，一个是观察左右时的幅度，另一个是观察上下时的高度。

视线的幅度根据观察的位置与对象商品的距离不同会有所差异。比如，我们设定某位顾客无意识地看某件商品时，将能清晰地看到该商品的幅度作为“视中心”，这个幅度对应的角为60°。那么，一般来说顾客距离对象商品80厘米的话，视中心的幅度是90厘米；距离对象商品95厘米的话，视中心幅度大约是110厘米；距离110厘米的话，视中心幅度大约是130厘米。

顾客进入店铺后，一般会无意识地在店铺内到处走走，看看商品。上面的数值就表示顾客在这种状态下看商品的视线范围。在打造卖场的时候，应该将以上数据作为重要参考，比如根据顾客所处位置设计过道的幅度大小、根据视线幅度决定商品陈列道具的布局等。

视线的另一部分是观察上下时的高度。商品的陈列是在视线的上部，还是在视线的下部，顾客看到商品时的感受是不一样的。因此，卖场内商品陈列的高度与打造的卖场形象有很大关系，在高度的处理上一般有些规则。比如，如下页图所示，一般将视线的边界线设定在 150 厘米处，从视线往下的部分是陈列区域，主要应该以充实商品的陈列为主。上部如果陈列的商品过多，会给顾客带来压迫感，因此上部的陈列要重视空间的开放性。

由此可见，上方的重点是打造形象，也就是说卖场要给予顾客什么样的印象。下方是商品的陈列，也就是通过陈列唤起顾客的购买欲望，所以下方的布局重点是向顾客展示商品，让顾客看到商品。

此外，由于卖场的空间布置和密度不同，顾客在查看商品时也会有所差异。因此，在打造卖场的时候，要灵活地运用各种形式展示商品，比如可以将商品统一展示，也可以根据具体情况，将商品有张弛、有主次地展示，提高顾客的消费。

眼界重点与相应的空间陈列

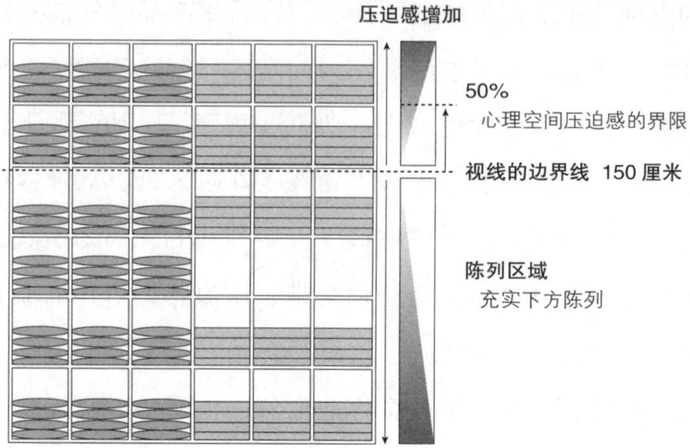

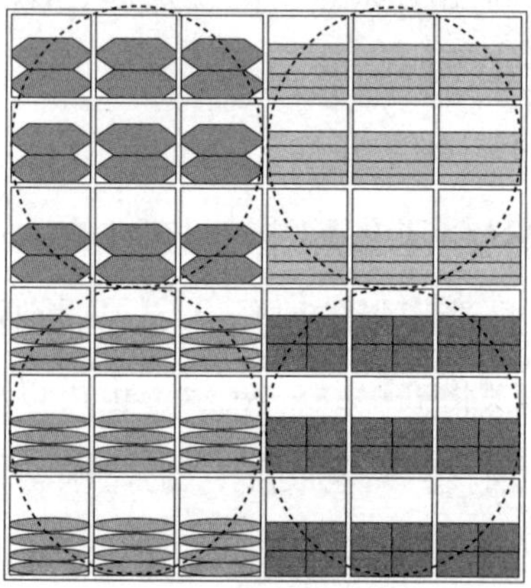

分区块展示

空间陈列密度＝

$$\frac{\text{陈列合计面积} \times \text{高度}}{\text{全部陈列空间（面积} \times \text{高度）}}$$

可视大小的基准

看的位置	展示方法	重点
1 米以内	通过各项展示	商品 +POP
3 米以内	通过种类展示	区域化
5 米以内	通过 VP&PP 展示	一系列的布局

第 3 章

通过数据掌握卖场情况！

店内库存的有效陈列方法

为了更有效地活用卖场，在打造卖场的时候，既需要感性的“感觉打造”，也需要理性的“科学打造”。

“科学打造”中的数据反映了卖场的状况和商品的销售情况。在打造卖场的过程中，要充分利用数据，使商品的布局和陈列发挥更大的作用。比如数据代表了商品的什么信息、此时的卖场正处在怎样的状况下等，通过对这些数据进行分析和解读，探讨最合适的应对方法，提高卖场的经营效率。

20 如何通过计算数据把握卖场的状况？

通过卖场的变化，就能够多少了解店铺的销售状况，那么，从数据计算的角度应该如何把握呢？

与打造卖场和商品陈列直接相关的重要数据，基本上就是卖场面积的效率和卖场的生产性。

卖场面积［坪（日本传统计量系统尺贯法的面积单位，1 坪合 3.3057 平方米。——编者注）］的效率就是每坪的销售金额。与这一数据直接相关的就是销售方法和商品的库存。

为了提高卖场效率，需要把握店铺中商品的构成以及库存，通过结合卖场面积，设计顾客动线的回游性。在设计过程中，要尽量长、广地设计复杂的顾客回游动线。也就是说，为了设定有效果的顾客动线，要充分利用店铺面积的每一个空间，发挥自身魅力，整体平衡布局，不偏不倚，使每个空间都有购买重点，提升卖场的销售额。

另一方面，卖场的生产性指的是相对于卖场面积（坪）的毛利润。如果从数据计算的角度讨论生产性，那么它与卖场的销售效率、毛利率有很大关系。打造卖场的时候就是以销售效率为中心的。

销售效率与卖场的面积、商品的构成、商品布局、商品展示陈列、VMD 开展状况有很大关系。

其中，商品布局与商品生命周期存在关系。店铺内的库存商品处于什么样的状态，对顾客有多大的吸引力，这些情况就决定了商品在卖场布局中的位置。

一般来说，商品的生命周期就是导入期→成长期→鼎盛期→衰退期→处理期，随着时间的推移发生相应的变化，这与商品对顾客的吸引力有关，在卖场的布局中，通过划分展示区域、销售区域和处理区域 3 个区域来满足顾客的需求。

卖场每坪的效率与生产性

●每坪效率

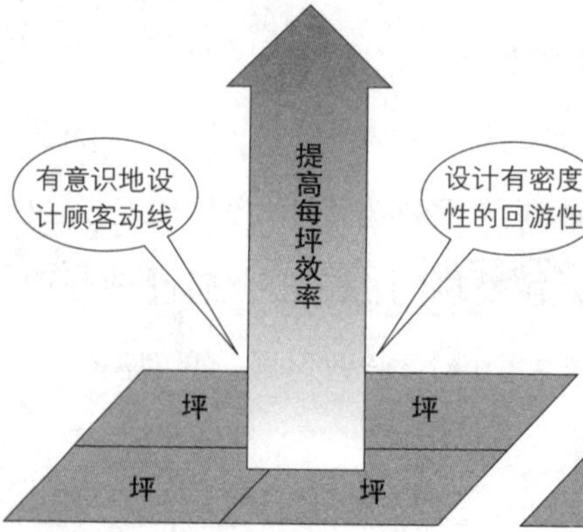

$$\text{每坪效率}=\frac{\text{销售额}}{\text{卖场面积（坪）}}$$

卖场的打造 = 与销售方法和商品库存有关

●卖场生产性

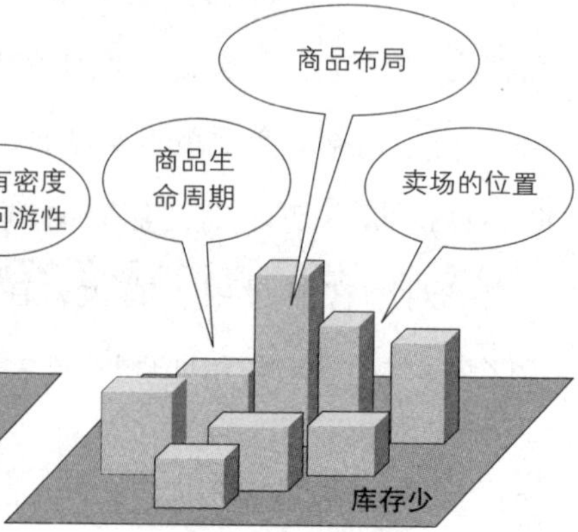

$$\text{卖场生产性}=\frac{\text{毛利率}}{\text{卖场面积（坪）}}$$

卖场的打造 = 与卖场中所有商品有关

●布局

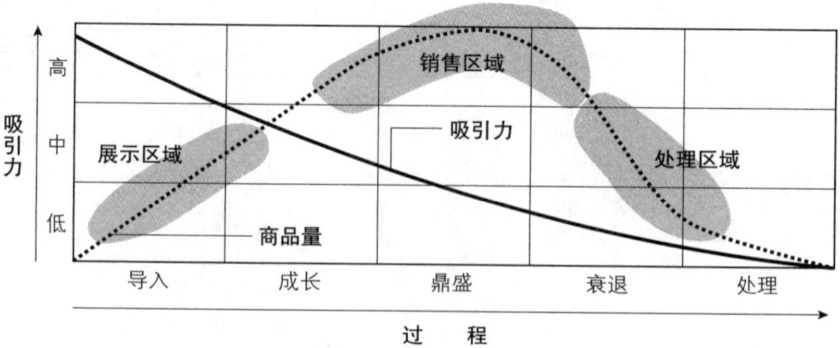

21 如何通过销售状况诊断卖场的情况？

卖场销售状况好的话，整个卖场就充满生机，反之就死气沉沉。那么，应该怎样把握这种状况，怎样应对呢？

销售额=顾客数量×每位顾客的消费金额。

如 67 页图所示，如果将购买商品的顾客数量和每位顾客的消费金额分为高、中、低 3 个等级，那么就能够分别了解各自代表的意思以及卖场的状况，并根据这些情况采取相应的措施。

① **购入单价、购入顾客数都高**：这说明无论是商品还是卖场都受顾客喜爱，整个卖场充满生机。因为商品的销售数量多，所以需要注意保证货源充足，使顾客能够随时买到需求商品。

② **购入单价高、购入顾客数中**：在这种情况下，应该注意集中突出商品魅力，吸引更多的消费者。

③ **购入单价高、购入顾客数低**：店铺的商品有新鲜感、流行性。需要注意的是应该在卖场中位置较好的地方醒目地展示商品，提高卖场魅力。

④ **购入单价中、购入顾客数高**：在陈列商品的时候，注

意将其他商品与主力商品搭配摆放，以提高顾客购入的金额。

⑤ **购入单价、购入顾客数都属于中**：这种情况表明卖场正处在一个分界点上，如果多花些心思设计应对，卖场就会好转，购入单价和购入顾客数都会提高；反之，就会朝着另一方向恶化，影响卖场的销售额。

⑥ **购入单价中、购入顾客数低**：这说明卖场还是具有一定魅力的，商品也有价值。在这种情况下，需要重新探讨卖场的位置和商品的陈列方法，提高卖场的活跃性。

⑦ **购入单价低、购入顾客数高**：卖场的商品有一定的销售市场，但还需要在卖场的打造和销售方法上，采取一些低成本的方法来提高卖场效率。

⑧ **购入单价低、购入顾客数中**：卖场总体来说还是有些生机的，但也存在死气沉沉的空间。这种情况很容易向不好的方向发展，使沉闷空间逐渐扩大，应该多加注意。

⑨ **购入单价低、购入顾客数低**：这说明卖场的商品已经失去了对顾客的吸引力，成为处理类商品。卖场的活用率降低，无法再发挥作用。这种情况下，应该尽早处理商品。

卖场与卖场打造

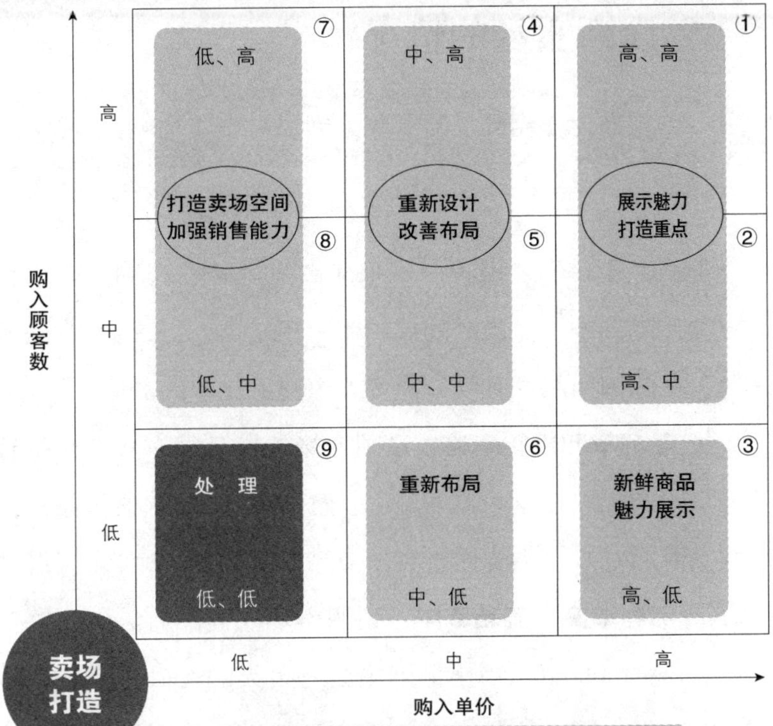

销售额 = 顾客数量 × 每位顾客的消费金额

NO	购入单价	购入顾客数	卖场情况	卖场的应对
①	↗	↗	有生机的卖场	保证货源充足
②	↗	→	有生机的卖场	突出商品魅力
③	↗	↘	流行的、新鲜的卖场	提高卖场魅力
④	→	↗	较普通的卖场状况	确保人气商品、优质商品
⑤	→	→	较普通的卖场状况	重新调整卖场、提高活跃性
⑥	→	↘	卖场活用性低	全面调整卖场
⑦	↘	↗	有生机的卖场	控制成本的应对
⑧	↘	→	稍微有些生机	注意布局平衡
⑨	↘	↘	卖场活跃性低	尽早处理应对

22 如何通过商品周转和毛利润的平衡，诊断卖场的情况？

如何通过商品的周转率和毛利率打造卖场呢？

下面，让我们来探讨一下平衡商品周转、利润的卖场打造方法和陈列方法。商品的周转率×毛利率=交叉比率。一般来说，在陈列商品的时候，需要参照交叉比率的数值。

① **毛利率和周转率高**：说明卖场的商品很有人气，是时下最受欢迎的。在这种状况下，为了有更可观的销售额，在陈列商品的时候，需要注意突出商品量，并易于顾客购买。

② **毛利率高、周转率中**：说明卖场的商品有人气，很受欢迎。这样的商品在销售量上还会有更大的突破，因此，在陈列的时候，应该注意重点突出商品特点，使更多的顾客能够看到。

③ **毛利率高、周转率低**：商品很有流行性，因此陈列的时候，以商品介绍和突出魅力为主，采用 VP 展示形式吸引顾客。

④ **毛利率中、周转率高**：商品比较有人气，有一定的价值，店铺能够通过商品销售获得一定的利润。在这种情况下，应该注意调整商品的陈列方式，陈列的重点是让顾客感觉到

商品的量以及商品的易购入性。

⑤ **毛利率和周转率都属于中**：这说明卖场内的商品较普通，虽然还有些市场，但是吸引力一般，缺乏魅力，在商品的陈列上也存在问题。这种情况下，需要重新调整卖场，明确陈列方向。

⑥ **毛利率中、周转率低**：说明卖场的商品还能获得一些利润，但并不太受顾客喜欢，商品缺乏吸引力。这种情况下，需要明确突出商品重点，改变现状。

⑦ **毛利率低、周转率高**：说明卖场内有人气商品，或者销售的商品与顾客的生活有密切的关系，因此，在陈列商品的时候，需要注意顾客的易购买性，并采取一些低成本的对应方法。

⑧ **毛利率低、周转率中**：商品有些关注度，但是利润已经比较低了。改善陈列方式的时候，注意成本的节约，利用顾客动线引导顾客购物，尽量通过一些有吸引力的“磁性陈列”唤起顾客的消费欲望。

⑨ **毛利率和周转率都低**：说明卖场的商品已经成为需要尽早处理的商品。

交叉比率和陈列

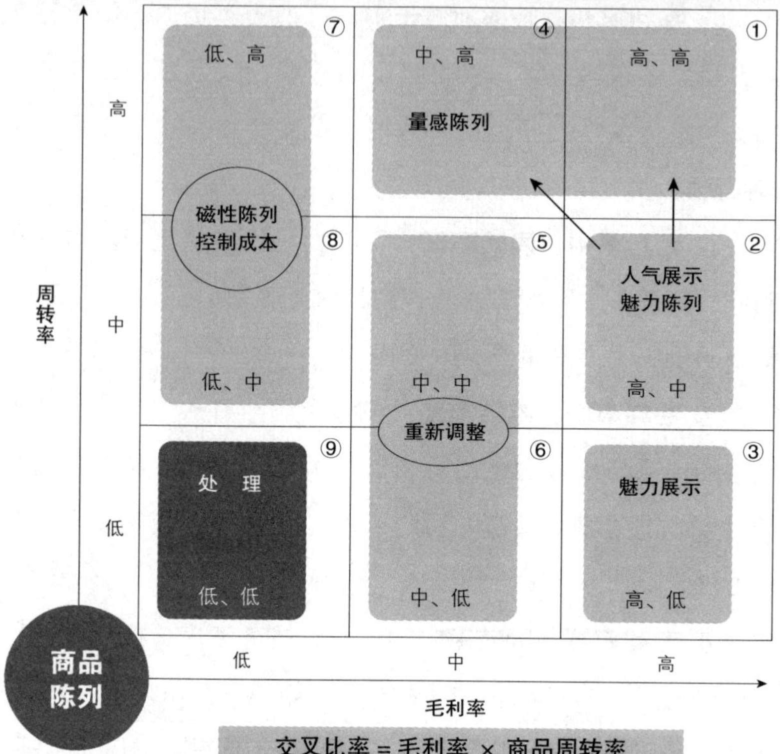

交叉比率 = 毛利率 × 商品周转率

NO	毛利率	周转率	卖场情况	卖场的应对
①	↗	↗	有生机的卖场	有量感的陈列
②	↗	→	有生机的卖场	重新调整商品陈列
③	↗	↘	有流行性的卖场	提案演出、突出魅力
④	→	↗	基础普通的陈列	调整商品陈列方式
⑤	→	→	基础普通的陈列	确保人气商品的库存
⑥	→	↘	缺乏吸引力的陈列	突出重点的商品陈列
⑦	↘	↗	有量感	不费事的应对
⑧	↘	→	有量感	不费事的应对
⑨	↘	↘	商品没人气，滞销品多	尽早处理应对

23 使库存充满生机的陈列方法是什么？

如何能够使卖场的库存商品“生机勃勃”，其中的重点和秘诀是什么呢？

为了使库存商品充满活性，让顾客感觉商品“生机勃勃”就需要在变更布局、改变以往的陈列等方面多花心思。

① 确定适当的商品陈列量

在陈列商品的时候，首先要确定适当的商品陈列量，比如，因为商品的陈列分为正面陈列和侧面陈列，所以需要用具体数值明确正面陈列数和侧面陈列数。之所以数值化，是因为这样可以防止一些不必要的库存产生。库存过多的话，卖场的整体运作就变得迟缓，使卖场逐步失去吸引力。

- 确定适当的商品陈列量。比如，正面陈列数和侧面陈列的库存量。
- 确定隔板层宽度的 1/2 或 1/3 为陈列范围的库存基准线。

② 富于变化

在陈列商品的时候，应该注意给予卖场变化性，在各个时期开展一些与顾客日常生活息息相关的活动等，使卖场有应时性，充满活力。

③ 集聚同类

将卖场内销售不太好的库存和滞销品等商品中相似的商品重新编为一组，打造成新的商品群，提出新卖点吸引消费者。

将有话题性的商品和其关联商品编在一起，利用话题性吸引顾客；将时下流行的商品陈列在一起，集中展示；将与社会上关注度高的“事情”相关联的商品集中陈列等，通过这种聚集同类的方法，吸引顾客眼球，打造活力卖场。

④ 重新组合

将不同的商品搭配组合在一起，赋予商品新的理念，使库存商品重新获得生机。

⑤ 借势营销

将库存商品和势头较好、对顾客有较大吸引力的商品放在一起陈列，通过人气商品带动其他库存商品的销量。当然，为了不拖主力商品的后腿，陈列的时候要注意平衡双方的数量。

使库存充满生机的 5 种方法

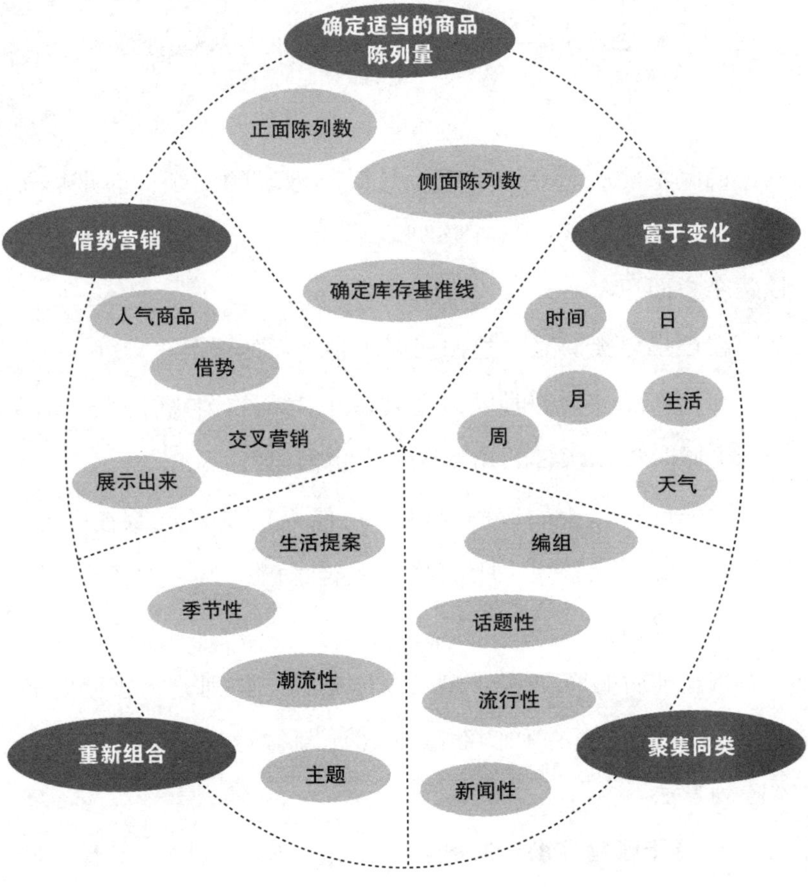

24 如何漂亮地呈现商品？

相对于陈列道具的总面积而言，如果商品的数量较多，总感觉无法漂亮地呈现商品。那么，应该怎么办呢？

商品不能被漂亮地呈现不是商品数量的问题，而是店铺没有整理整顿好商品。在陈列商品的时候，主要从整理和整顿两个方面思考。

整理指分类商品，整顿指展示整理后的商品。

在给商品分类的时候，主要基于卖场的销售计划和商品理念，同时站在顾客的角度这一点也很重要。

商品进行分类后，商品就不再像以前那样混杂在一起，因为以组的形式呈现，所以易于顾客了解，整个卖场也让人感觉干净整洁。

将整理后的商品陈列起来叫作整顿。陈列分为正面陈列（让顾客看到正面）和侧面陈列（让顾客看到侧面）两种基本陈列方法。

① **易于顾客了解的陈列**：要尽量控制商品的分组数，展出商品的时候注意站在顾客的角度，以易于顾客了解为前提陈列商品。

② **易于顾客查找的陈列**：陈列商品的时候，要从顾客的

视角考虑，顾客需求的商品店铺是否能够提供，这一点应该让顾客通过店铺陈列立刻就能明白，并且相对于陈列道具的总面积而言，要打造出 1/3 的空白空间。

③ **易于顾客查看的陈列**：如果商品便于查看，那么顾客停下脚步的比率就会增加，购买的概率也会提高，这直接关系到店铺整体销售额的提升。

④ **易于顾客比较的陈列**：如果顾客开始对商品感兴趣，有了购买的想法，下一步顾客就要开始比较商品了，所以为顾客提供易于比较的商品陈列，能够增加顾客的购买量，提高顾客购物时的满意度。

为了形成这样的效果，要注意以下几点。

① **井井有条地陈列**：陈列商品的时候要注意井然有序，这样便于顾客比较。

② **整齐的正面陈列**：如果商品的正面很整齐，会让顾客感觉整个卖场都干净整洁，留下好的印象。

③ **正面陈列的空间大**：如果给予正面陈列的商品较大空间，这些商品的关注度就会提高，对顾客的吸引力就会增强。

整理、整顿商品，漂亮地呈现

整理商品时，
组数少为宜

适度的空间（陈列道具的 1/3）
可以便于顾客查找商品

商品理念
销售计划

商品陈列
目标明确

商品的整理

陈列技巧

陈列整齐明了

商品的整顿

①正面陈列
②井然有序的陈列
③不要锯齿状陈列

改善前，商品陈列凌乱无序

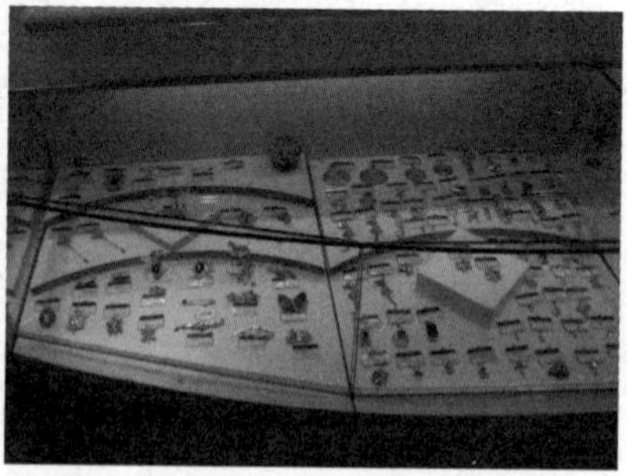

改善后，商品陈列井然有序，打造出 1/3 的空间

25 加速库存周转的人气陈列方法是什么？

据说如果能在布局商品时找到适合的陈列方法，那么原本销量不好的商品也会变得有人气。具体应该怎么做呢？

如果卖场的滞销商品过多，那么整个卖场就缺乏新鲜度，失去生机和魅力。

这种情况，应该尽早查看滞销品，在商品的陈列或卖场的打造上多花费些心思，使这些商品重新获得生机，引起顾客的注意。

加速库存周转的陈列方法有以下几种。

① **强调商品的正面陈列**：陈列商品的时候，强化正面陈列，“让顾客能够看到商品的正面”。比如，正面陈列时，给予正面足够的展示空间，吸引顾客视线等。

② **突出色彩的颜色陈列**：陈列商品的时候，有意识地多采用商品的主打颜色，通过这种颜色的集中对顾客形成视觉冲击，引起顾客的关注。

③ **注意陈列上的平衡**：在陈列商品的时候，要注意自身商品的布局、陈列内容与其他陈列商品的关联性、统一感，

展示上要有平衡感、一致性。

④ **利用顾客的购买心理**：陈列商品的时候，依照顾客购物时的心理和行为，有意识地布局、陈列商品能够促进顾客消费，使店铺活跃。

⑤ **陈列上要富于变化**：明确卖场主题及主力商品，利用充满变化性的商品陈列形式打造有张弛的卖场，吸引顾客。

⑥ **易于比较的陈列方式**：顾客在购买商品的时候都会进行比较。如果能很好地利用这一点，在设计陈列空间的时候有意识地设计易于比较的区域，就一定能唤起顾客的购买欲望。

⑦ **量感陈列**：在陈列商品的时候，注意突出商品的量感，但同时不能让顾客有沉重的感觉，通过陈列商品给顾客带来舒适性，提高顾客的驻足率。

加速库存周转的人气陈列法

NO	陈列方法	陈列特点	陈列技巧
1	正面陈列	宽窄、一看就明白	正面陈列、侧面陈列
2	颜色陈列	视觉冲击、色彩营销	控制颜色
3	陈列平衡	商品布局的故事性	商品布局、陈列统一
4	利用购物心理	看、选、买	符合购物心理的陈列
5	变化陈列	从静到动的变化	三角形结构 + 反复强调结构
6	比较陈列	利于对比的陈列、让人感到安心的陈列	整理整顿的技巧
7	量感陈列	量感陈列、感觉舒服	商品量的平衡
8	视觉统一	陈列同一风格的商品	视觉印象的统一性

整理整顿卖场商品。如果商品的陈列易于顾客查找和查看，那么顾客在购买时就容易比较，这样能够加速库存周转

26 商品陈列的表现重点是什么？

陈列商品的时候，首先想到的都是将漂亮的商品摆放出来，但除此之外还有更重要的陈列要点。那么，在陈列商品的时候，还应该注意哪些要点呢？

陈列商品的时候，将商品漂亮地呈现给顾客很重要，但仅仅漂亮是不够的，还需要“在漂亮中注入含义”。也就是说，为什么要将商品以这种形式陈列，其中包含了什么意思？下面，我们就来看看它的含义和表现重点。

① 提高顾客购买单价的陈列

通过将商品搭配在一起陈列，增加销量，提升卖场销售额。

② 提高顾客舒适性和满足度的陈列

购物环境完善的舒适环境和便于顾客理解的陈列形式。

③ 便于比较购买的陈列

打造便于顾客与其他类别商品比较的陈列布局。

④ 区分计划购入和非计划购入的陈列

能够明确地区分各种陈列的布局。

⑤ 含有防止顾客遗忘意思的陈列

通过搭配式的陈列方式引起顾客注意，或是将季节需求量大的商品陈列在一起，唤起顾客的消费欲望。

⑥ 利用概念吸引顾客的陈列

主题陈列和趋势陈列。

⑦ 利用购物方便性提高购买率的陈列

注意陈列的整理、整顿。

⑧ 活用颜色力量的陈列

采用富有视觉冲击力的陈列方式。

⑨ 一见钟情的陈列

整齐的正面陈列、富有平衡感的陈列、有吸引点的陈列、色彩均衡的陈列。

⑩ 平衡协调的陈列

打造重点中有张弛的陈列。

陈列商品的 10 个表现重点

1　提高顾客购买单价的陈列表现

强化搭配陈列
通过 VP 主题陈列的展示空间吸引顾客

2　舒适性和满意度都高的陈列表现

卖场环境完善、舒适

3　便于比较购买的陈列表现

陈列布局的时候，注意要便于顾客与其他类别商品进行比较

4　区分计划购入和非计划购入的陈列表现

能够明确地区分各种陈列的布局

5　含有防止顾客遗忘意思的陈列表现

①通过搭配式的陈列方式引起顾客注意
②将季节需求量大的商品陈列在一起，唤起顾客的消费欲望

6　利用概念吸引顾客的陈列表现

主题陈列和趋势陈列

7　利用购物方便性提高购买率的陈列表现

注意陈列的整理、整顿

8　活用颜色力量的陈列表现

采用富有视觉冲击力的陈列方式

9　一见钟情的陈列表现

整齐的正面陈列

10　平衡协调的陈列表现

打造重点中有张弛的陈列

27 有实际活用的陈列案例吗？

陈列商品的时候很容易陷入以往的思维中，使得商品陈列缺乏活力和吸引力。那么，能列举些具体的实际案例吗？

由于对象商品和销售方法不同，商品的陈列方法也是多种多样的，不能一概而论。

但是，卖场的主要方针基本上是什么，想向顾客传达怎样的信息等这些内容还是需要清楚的。站在顾客的视角，以顾客的心态陈列商品，这点非常重要。

① 顾客动线的轨迹决定重点商品的陈列位置。

② 重点商品需要传达店铺理念、吸引顾客眼球。

③ 展示时不夸张、不过分，重点部分采用简洁的表现形式。

④ 注意整体的平衡协调。

下面，列举几个有特点和有代表性的陈列案例（如 85 页图所示）。

照片①：开展基础陈列

井然有序的陈列让顾客便于查看。商品的分组也很明确，顾客很容易了解展示的是什么商品，有什么样的特点。

照片②：利用差异性，吸引顾客注意的陈列方法

饼干类食品的综合搭配型展示。通过不同的陈列道具和器具，突出每种食品的特点，差异化展示，吸引顾客的注意。

照片③：展示商品正面的陈列方法

商品的正面是最能够展示商品特征的地方，因此，在陈列的时候经常采用正面陈列。

照片④：利用配色增加吸引力的陈列方法

在陈列上多花些心思就能够让顾客感觉到商品带来的新鲜度和流行感。利用颜色和展示方式上的变化，提高商品的魅力，吸引顾客眼球。

以顾客视角为基础的代表性陈列

①井然有序的陈列方便顾客查看。最前面的商品利用其下面底盘形状的变化突出重点，吸引顾客

②饼干类食品的综合搭配型展示。利用桌子和展示三脚架等道具展示商品，吸引顾客注意

③让顾客很好地看到商品的正面，了解商品特征的挂式陈列

④在陈列方式上多花心思，让顾客感觉到商品的新鲜。利用颜色和展示方式上的变化，提升商品的魅力，吸引顾客眼球

第 4 章

来自卖场的应季魅力！

促进销售、加速商品周转的方法

为了加速卖场的商品周转，需要考虑使库存活跃起来的方法。

商品库存周转快意味着顾客对商品感兴趣，卖场充满活力，无论是商品还是卖场都充满魅力。

为了达到这样的效果，最具代表性的应对方式就是在陈列方式和卖场的打造上多花些心思，将季节的变化反映在卖场中，向顾客传达季节信息，为顾客留下“本季”印象。

下面，就让我们一起来看看卖场和商品的活跃化问题。

28 怎样改变卖场单调刻板的陈列？

商品的陈列如果整齐划一，就很容易失去生机。那么，应该怎么应对呢？

卖场的陈列整齐划一，就很容易让人觉得卖场单调、无活力。一般来说，卖场中整齐划一地摆放的商品主要是顾客的生活必需品，需求性稳定，不随着潮流变化，属于顾客相当熟知的商品。这种情况下，商品的陈列主要以便于顾客查看，易于顾客选择为核心展开。

与整齐划一的陈列不同的是有变化的陈列。比较有代表性的是强调陈列（Accent Display），强调陈列有以下效果。

① 容易吸引顾客眼球，打造卖场重点

② 能够让顾客看到商品就知道主要卖点是什么，吸引顾客

如90页图所示，第1个为“突起陈列”，在平坦的陈列上突出来，利用高度的变化吸引顾客的眼球，打造卖场重点。

③ 在单品陈列中能够唤起顾客的购买欲望

如90页图所示，第2个为“PP陈列”（参照113页），左右两侧虽然是不同商品，但属于同种类，将它们放在一起，中心处通过PP方式进行突出，吸引顾客注意，唤起顾客的购买欲望。

④ 强调陈列能够促进顾客消费

有变化的陈列也就是突出商品特征的陈列。

仅“突出特征”这条，就足以吸引顾客目光，促进顾客消费。

⑤ 强调陈列能够突出商品的特征和魅力

如 90 页图所示，第 3 个为“书式陈列（像在书架上摆放书那样的陈列方法。——编者注）”，在这种陈列中，卖场并没有将商品按照形状统一归类摆放，而是将各种类的商品以一种类似随机的方式陈列在一起，这样能够吸引顾客的目光，向顾客展示商品魅力。

强调陈列的式样

●突起陈列

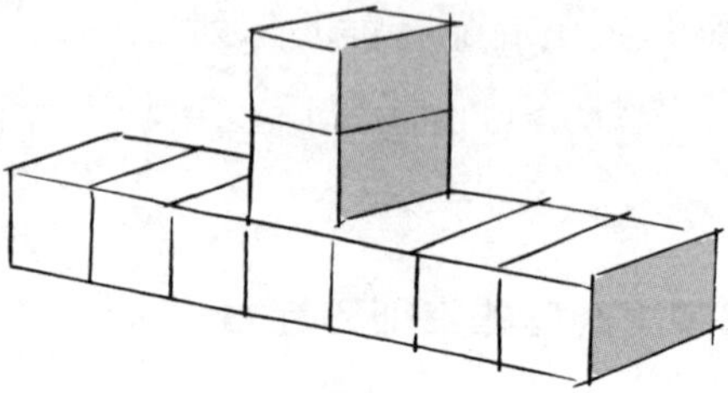

利用突起的高度，打造重点

●PP 陈列

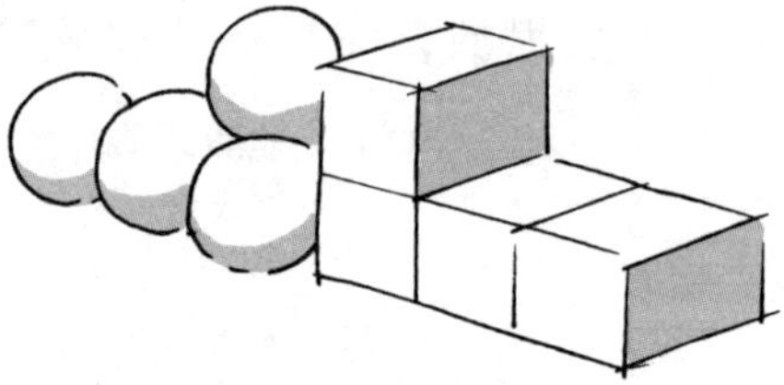

左右同种类的不同商品，以PP 形式，打造重点

●书式陈列

书式陈列以类似随机的形式将商品陈列在一起，打造重点

29 加速商品周转的陈列方法是什么？

同样都是陈列商品，有的陈列周转速度快，有的陈列周转速度就比较慢，那么，这是为什么呢？

首先，让我们来比较一下商品陈列的两种模式。

一种陈列方法是将选择出来的重点商品集中陈列。这种陈列方法能够使顾客了解卖场主要推出的商品是什么，明确主力商品，也有助于提升卖场魅力，吸引顾客。顾客对主力商品感兴趣，就会在卖场多停留选购，提升店铺的销售额。

另一种方法是将各个种类的商品都陈列在一起，面积大、有量感。

因为商品的种类多，顾客会感觉到商品的丰富性，这对提升卖场的魅力有一定的作用，但同时需要注意的是，这样大面积地陈列各种商品很难突出重点，会导致顾客注意力分散，使卖场失去焦点。因此，在陈列商品的时候，这一点应该给予充分的考虑。

加速商品的周转主要是明确主力商品，吸引顾客，促进消费，核心就是明确“主题”。

所谓设定主题，就是将商品的理念明确地表达出来。前面提到的重点商品陈列和量感陈列这两种陈列方法，虽然给顾客的印象有所不同，但无论采用哪种陈列方法，将商品的理念传达出去都是至关重要的。

表现商品理念的方式有很多种，比如可以通过特色商品、新推出的商品等。通过传达理念打造主题，有主题的商品聚集到一起，就能吸引顾客的注意，使顾客对商品产生兴趣，商品得到了顾客的支持，就能够成为人气商品，带动店铺的活跃化。

也就是说，为了加速商品周转，店铺在陈列商品的时候，需要注意卖场核心吸引点、理念以及主题的打造。

作为表现方法，视觉营销（VMD＝参照 113 页）是加速卖场周转的有效方法之一。

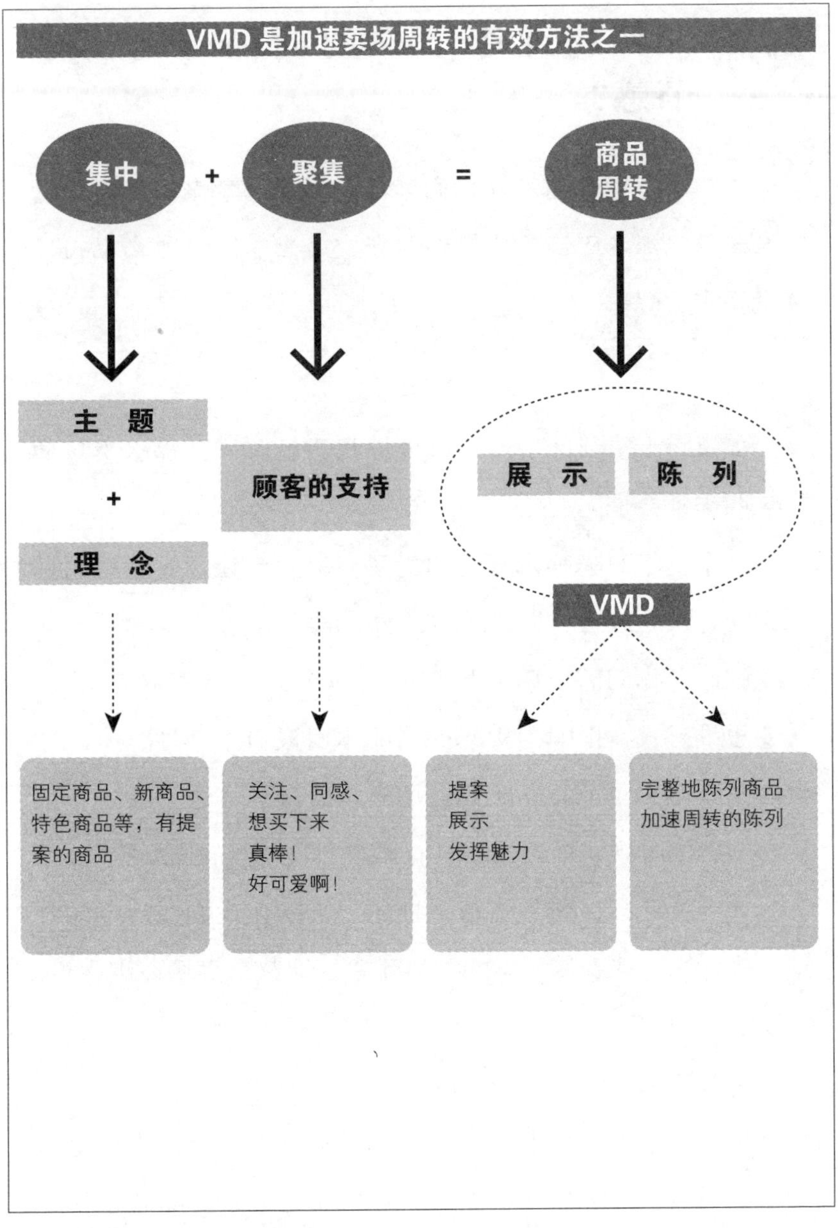
VMD 是加速卖场周转的有效方法之一
集中
+
聚集
=
商品周转
主 题
+
理 念
顾客的支持
展 示
陈 列
VMD
固定商品、新商品、特色商品等，有提案的商品
关注、同感、想买下来
真棒！
好可爱啊！
提案
展示
发挥魅力
完整地陈列商品
加速周转的陈列

30 如何将无季节性的商品打造出季节感？

与流行性商品不同，如果商品本身与季节、流行没有关系，那么应该怎样打造卖场，将无季节性的商品打造出季节感呢？

如果将无季节性的商品按照原样进行陈列，那么卖场便一年四季都会毫无变化。

一个一年四季都无变化的卖场，势必会让顾客感觉到枯燥无味、缺乏魅力、失去活力，像一潭死水。

因此，我们需要将卖场打造成一个充满季节感的空间。转变思维方式，正因为卖场的商品本身没有季节性，所以才更容易打造出季节感。比如，用应季的鲜花等进行装饰，或者在节日的时候，搭配使用具有典型节日特点的饰品等。

如今的社会，季节感越来越弱，所以让我们在卖场的打造上多增添一些春夏秋冬的季节元素，让整个卖场充满生机，活跃起来吧。

季节陈列的一个具体方法是“季节的生活方式提案”。也就是说，将大自然带给人们的各种各样的现象、人们每月的生活习惯、每个节日需要参加的活动与对象商品联系在一起，让顾客一看到这种商品陈列，就能够联系到自身情况，增加顾客对商品的需求度，提高卖场销量。

在季节陈列中用到的体现季节感的小物件，如下页图所示的这些饰品，都有专门的公司在进行销售。

当然，这里提到的陈列用的材料只是一小部分而已，除了在专门的商店购买外，也可以通过网络和目录销售（采用向客户邮寄商品目录，接受订单的直接销售方式。——编者注）等渠道购买。灵活运用这些季节感很强的饰品，能够使卖场充满季节的气息，富于变化性、充满魅力，使顾客享受其中，流连忘返。

另外，除了这些现成的商品，也可以添加一些 DIY，这样的话，装饰品就变身为独一无二的原创品了。

比如，改变一下颜色或者改变一些形状，或是在原有的饰品上添加一些其他材料等，这些都是以色彩为主打的店铺或是有很强的自身特色的店铺能够活用的方法。

用于表现季节感的装饰材料

木槿花环

郁金香花束

万圣节

船舵

波斯菊花环

剑鱼

向日葵

日本风格的红叶稻穗主题

小灯饰

31 如何基于市场需求打造视觉化卖场?

在打造卖场的时候，需要将顾客的变化和市场的动向反映在卖场上，那么，应该怎么做呢?

从很久以前开始，在策划商品的时候，就需要将市场细分化，细分市场可以使卖场清晰地了解顾客需求的变化和多样化。

店铺有必要根据各种需求打造“明确的卖场”。也就是说，打造卖场的时候，需要明确卖场能够满足哪种需求。

满足市场需求的卖场，大致上能够分为以下 5 种。

① 满足商品价格需求的卖场

- 明确商品的库存
- 打造的重点是让顾客感觉到卖场有趣、有活力、干净，充实 POP，在陈列和布局上顾客都易于明白

② 满足主打商品需求的卖场

- 以视觉化形式传达商品的价值观
- 打造提案性高的卖场
- 打造与主打商品气质相符的卖场空间

③ 紧贴生活需求的卖场

- “速战购物区域（能够使顾客在短时间内购买到所需

商品的区域。区域陈列的商品一般都是每日的必需品，比如做菜用的食材。——编者注）”的布局

• 对商品进行整理整顿后再陈列是基本

• 商品在陈列的时候可以大面积地整体陈列，但是也要有所侧重

• 注意时下的需求变化，随时掌握并反映到商品上

④ 满足特色商品需求的卖场

• 丰富特色商品

• 与社会热点事件相关联的商品

⑤ 满足活动、节日需求的卖场

• 明确活动、节日的内容是什么

• 利用陈列的多样性发挥作用

• 计划、实施、检查是基础

满足需求多样化的卖场打造

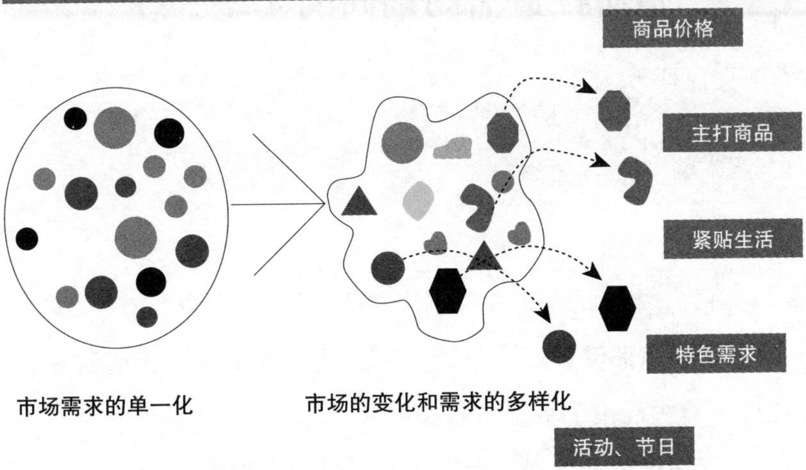

●市场需求的视觉表现

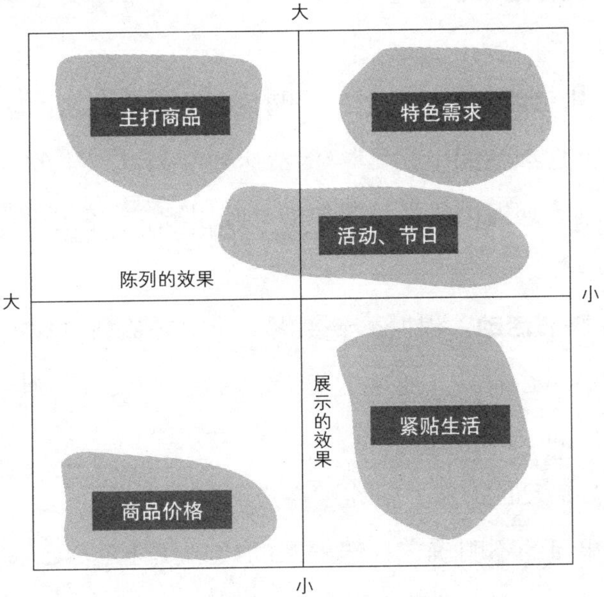

32 如何打造活动期间的卖场？

想在卖场举办一些活动，应该如何打造活动期间的卖场呢？

首先，根据活动内容不同，有以下几种类型。

① **聚客活动**：通过邀请艺人，或是推出社会上比较有话题性、有关注度的商品来吸引顾客。

② **销售活动**：通过促销等形式吸引顾客。

③ **文化活动**：通过举办摄影展、音乐节等文化类活动吸引顾客。

④ **礼品活动**：通过诸如“购买商品的前几名顾客能够获得本店为您准备的小礼品”“消费达到××日元以上的顾客可以获得店铺为您提供的礼品”等活动吸引顾客，促进顾客消费，提高营业额。

⑤ **季节活动**：根据季节变化，为顾客陈列应季商品以及每个节日的必需品，通过这类活动吸引顾客，达到促进顾客消费的目的。

举办活动的时候，一定要注意明确目的。

如果目的不明确，打造出来的效果就会不尽如人意。比如，总感觉卖场好像没什么生机，那就举办个活动吧；反正都是千篇一律的，随便弄点什么，打着活动的旗号聚集点顾客就行了；每年差不多都是同样的人参加，随便弄弄吧等，如果以这样的想法举办活动，那么活动带来的效果自然是与期望背道而驰的。

站在打造卖场的角度，为了使活动达到预期的效果，在此过程中，卖场一定要给予足够的后方支援。从活动开始到活动结束的整个过程，卖场都需要时时把控，随时检查活动中需要的人、物、费用、信息，做好充分的准备。

卖场活动要明确的目的

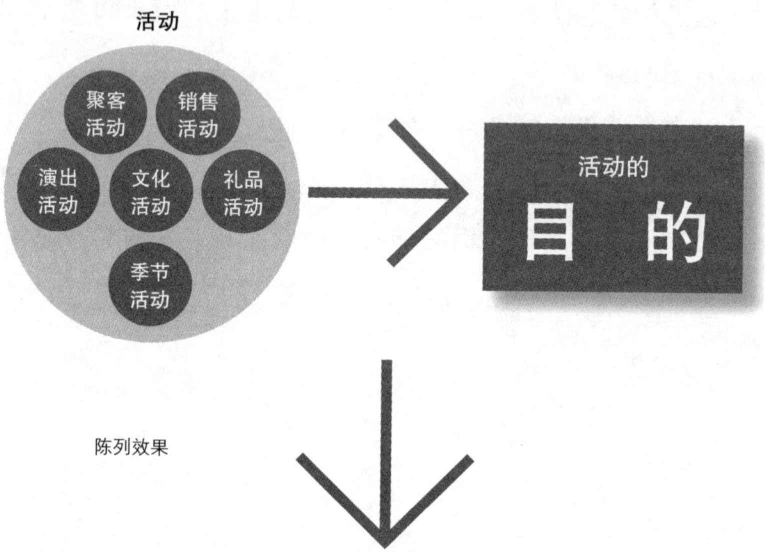

活动与卖场打造的表现形式

活动	重点	构想	过程	卖场打造的表现形式
聚集人气	店铺的忠诚度	提升顾客对店铺的关注	自然形成	用眼睛能看到的表现形式
吸引顾客	印象	抓住当下	有企划	目的的表现形式
公关活动	顾客需求	提升顾客对店铺的关注	持续的力量	通过活动把握数据
销售活动	特色	强调店铺理念	如何成形	卖场表现

第 5 章

用“感觉”和“科学”打造卖场！

用“感觉”和“科学”打造卖场的方法

仅以感觉为依据打造卖场的话，卖场很容易过分偏倚个人感觉。如果个人在其中出现了什么偏差，给予了错误的指示，那么打造出来的卖场就会与预期产生差距。

在打造卖场的时候，虽然“感觉”是重要的，但也不能忽略“科学”，要将科学的方法也融入其中。

也就是说，卖场的打造目标是无论任何人看到卖场的设计，都能明白其中想要传达的信息是什么；无论重复多少次，都还会认为相同的陈列方式是最有效的等，这种数据化的、能够接受实践检验的，才是打造卖场时推崇的方法。

33 将“科学”导入“感觉”中的卖场打造方法是什么？

现在，在打造卖场的时候，我基本是让店员依据自身想法，自由打造卖场。那么，如果想统一卖场的打造方法，我应该怎么做呢？

为了使打造出来的卖场能够达到预期的效果，在打造卖场的过程中，应该多问问自己为什么要打造成这样，这种“为什么”就是“科学”的表现。

提出“为什么”的“科学的世界”的反面就是“感觉的世界”。感觉就是对事物的感知，也就是事物的接受方法。打造卖场的时候，要将充满“为什么”的“科学的世界”导入“感觉的世界”中，这样才能使打造出来的效果有稳定性。

比如，在打造卖场或陈列商品的时候，经常会用到以下5种表示感觉的词语，那么将它们导入“科学的世界”后，分别是什么呢。

① 喜欢、不喜欢

在陈列商品的时候，一般采用视觉营销的方式展示商品特点，吸引顾客。但是在陈列的时候，如果只是依靠个人喜好，基于自身的喜欢或不喜欢设计商品展示样式的话，就很容易产生偏差。多提“为什么”，以科学的方法制订判断标准，这种基于规则的打造方法会使打造出来的卖场更接近预期。

② 多、少

尽可能地数据化。比如陈列数量、库存数量、高度基准等。

③ 适合、不适合

比如，在设计卖场空间的时候，决定采取什么样的设计方式不能只是依靠自身的感觉判定适合或者不适合，而是应该根据卖场的理念、卖场目标和主力商品等，通过这些具体的要求来判断卖场的设计方式是否合适。

④ 恰好、不足

在打造卖场和陈列商品时，发现有些方面存在不足、冲击力不够的活，应该制订标准，制成手册，将应该做什么、怎么做具体化、系统化。

⑤ 明、暗

照明应该依据具体的亮度基准。店铺根据自身环境以及想要打造的卖场形象，制订统一标准，并将其手册化。

利用“科学”，打造卖场

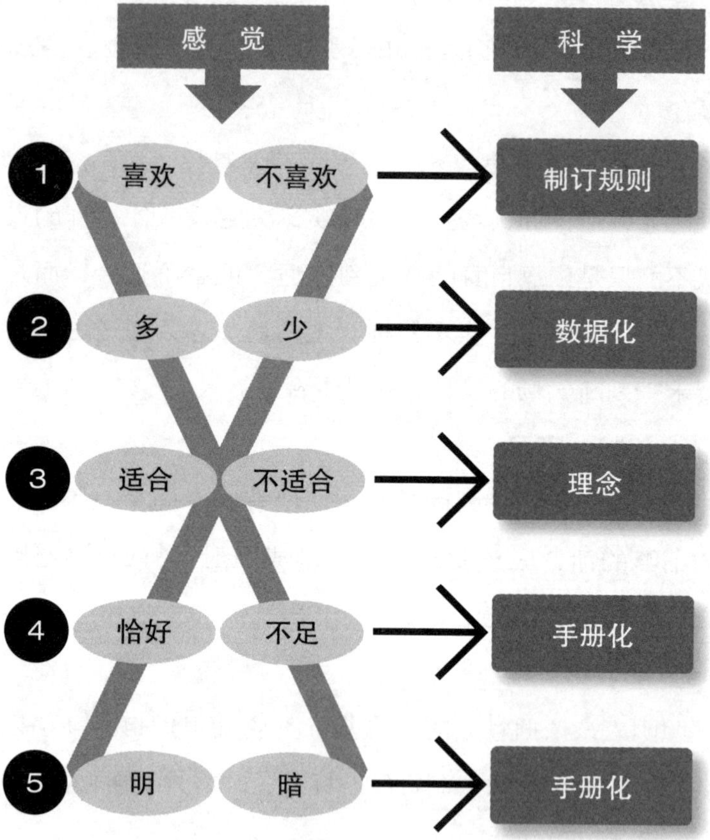

34 如何基于卖场形象明确店铺目标？

明确商品和店铺的目标很重要，那么应该怎么做呢？

首先要明确店铺想通过自身商品向顾客传达什么信息。如果这种最基本的想法都不清晰，打造出来的卖场也会缺乏核心，模糊不清。

比如，因为这类商品卖得好，所以卖场就决定作为核心商品销售；因为能吸引顾客、有人气，所以把这类商品也摆在卖场中；因为这类商品现在很有话题性，所以不管怎么样先进货再说等，这些都是导致卖场处于不明朗状况的原因。

明确店铺的方针。“店铺的方针”是店铺将自身的独有想法通过商品和服务等具体的形式表现出来的。

其中，在商品的表现形式上，如何利用视觉营销的方式吸引顾客是需要重点注意的问题。

此外，这些内容都应该手册化、文字化，比如，制成计划书、小册子，或是画出具体的形状等。通过这种方式，使抽象的内容具体化，这样一来，店铺工作人员的认识就会达成统一，布置出来的商品就不会有太大偏差。

如果店铺的方针明确了，那么店铺想把自身的理念传达给“谁”，这个对象就自然清楚了。这个对象就是我们说的

"目标"。

对于"目标"，需要尽量具体地勾画出形象以有助于了解。在打造卖场中，面向的客户群体是谁，弄清这一点是非常重要的。

其中，通过生活方式的划分来明确目标就是其中一个有效的方法。

明确目标之后，如下页图所示，将展出时间、展出周期、商品的各方面计划等能够具体化的内容数据化，通过确定数据开展"科学"的打造工作。

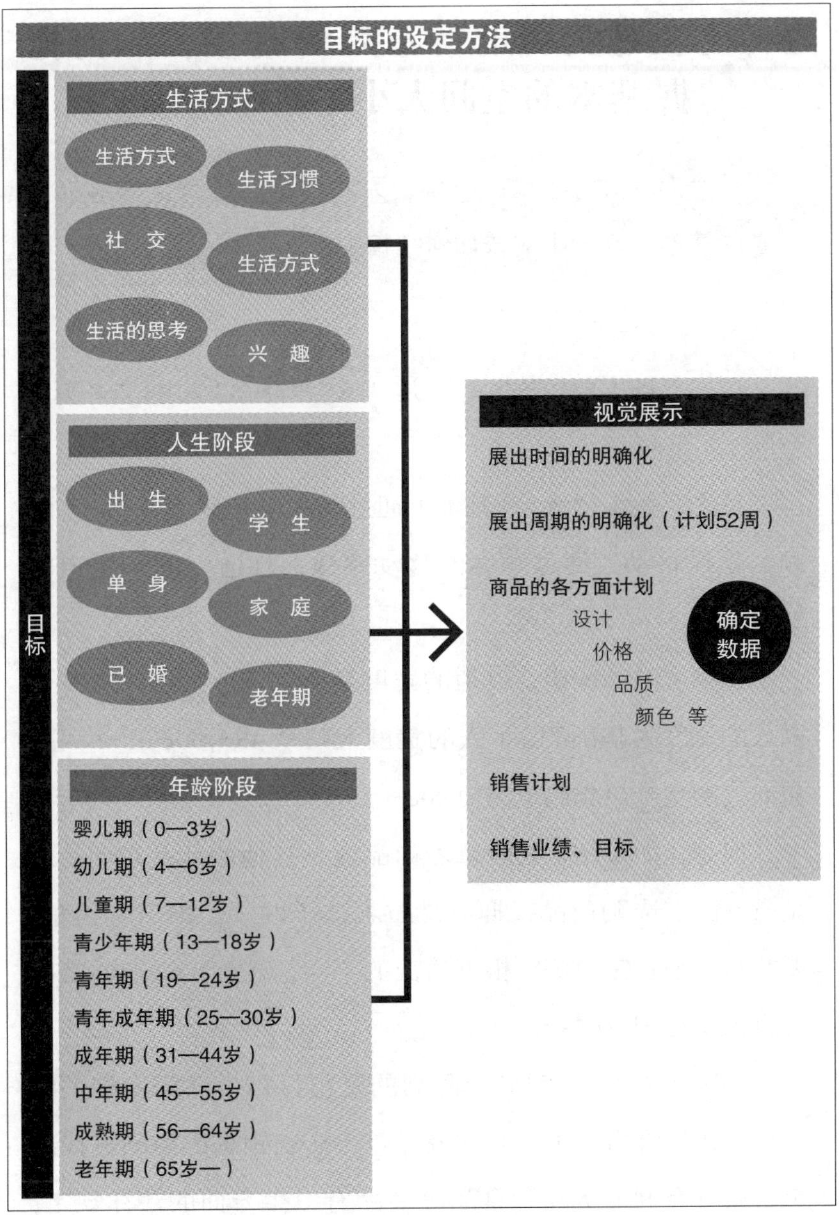
目标的设定方法
目标
生活方式
生活方式
生活习惯
社 交
生活方式
生活的思考
兴 趣
人生阶段
出 生
学 生
单 身
家 庭
已 婚
老年期
年龄阶段
婴儿期（0—3岁）
幼儿期（4—6岁）
儿童期（7—12岁）
青少年期（13—18岁）
青年期（19—24岁）
青年成年期（25—30岁）
成年期（31—44岁）
中年期（45—55岁）
成熟期（56—64岁）
老年期（65岁—）
视觉展示
展出时间的明确化
展出周期的明确化（计划52周）
商品的各方面计划
设计
价格
品质
颜色 等
确定数据
销售计划
销售业绩、目标

35 在对卖场进行布局的时候，如何把握基本的空间大小？

对卖场进行布局的时候，人和商品的陈列道具等元素的基本空间大小应该如何把握呢？

布局卖场主要依据的基准是“人”“商品”“用具”“卖场空间”4个要素。

首先，关于“人”。基本上通过动线来把握“人”。了解顾客怎样移动，通过顾客的移动路线，打造空间和过道的宽度。

在顾客的动线中，过道的宽度是个问题。过道的宽度是以人的宽度为基础的，1人的宽度大约是45～50cm，2人擦肩而过的宽度最起码也需要90cm。

但是，如果顾客当时拿着商品或是其他的什么东西，或是弯着腰在选购商品，抑或是拉着孩子的手，推着购物车、婴儿车，坐着轮椅等，根据情况的不同，在确定过道的宽度时也需要有相应的变化。

其次，关于“商品”。陈列的是与日常生活紧密相关的商品，还是价格并不太高的商品等，店铺销售的商品直接决定布局时空间的大小。食品等商品有卫生方面的法律规定，因此需要考虑到满足条件的管理设备，这也会影响到卖场的布局。

再次，关于陈列商品的“用具”。使用的东西不同，大小也各异。如果是常规用品，目录上会有明确的标示，可以作为参考。如果是独创的、比较有特点的道具，就需要根据具体的情况决定了。

最后，关于“卖场空间”。商家在布局卖场的时候都希望最后打造出来的能被最大化地活用于卖场空间，所以卖场空间的大小直接决定着卖场应该如何进行布局。一般来说，店铺首先要明确理念，然后基于理念确定卖场设计。以理念为基础，在充分考虑顾客的回游性和商品布局后，确定卖场布局。

如下页图所示，就是布局卖场时的一部分例子，作为参考。

卖场布局中的基本大小

卖场状态	空间	卖场状态	空间
1人能通过的宽度	45～50	2人通过的宽度	约90
弯腰的姿势	约60	2人的购物宽度	约100
拿着商品路过的宽度	约110	伸出手臂的纵深	约50
易看见的高度	120～140	伸出手臂的高度	约135
与售货员的距离	约75	易取的高度	约85

单位：cm

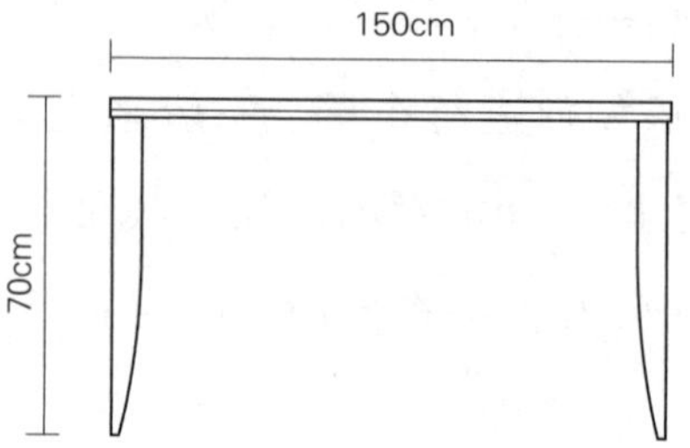

桌子

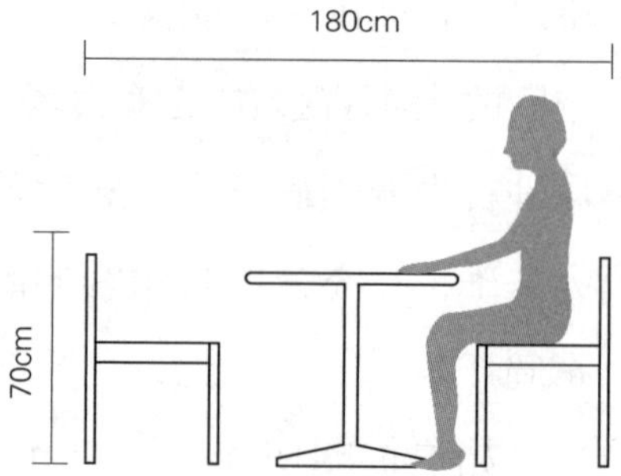

接待顾客的桌子

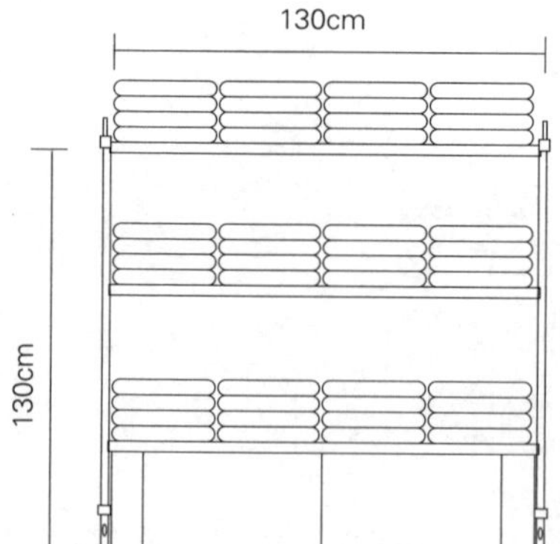

陈列架

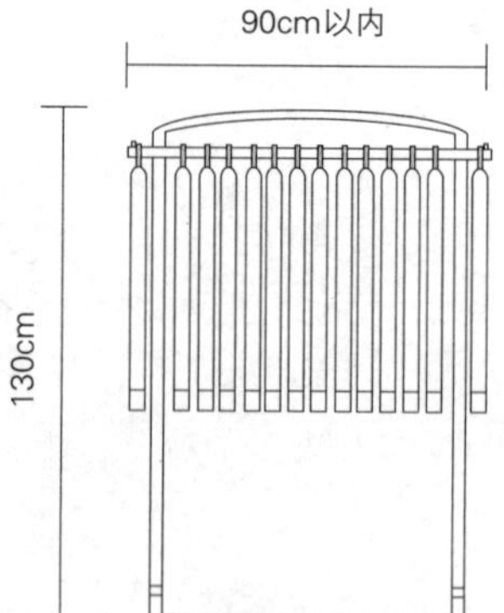

落地挂衣架

36 VMD 的 3 要素是什么？

VMD 的构成 3 要素分别为 VP、PP 和 IP。那么，VP、PP 和 IP 分别是什么意思，又有什么作用呢？

在 VMD（视觉营销）中，MD（merchandising，商品营销）是以 V（visual，视觉）为中心开展的。

VMD 的构成要素中，分为 VP （visual presentation）、PP（point of sales presentation）和 IP（item presentation）3 部分。

在打造卖场、推出主力商品的时候，应该注意这 3 部分的灵活运用。

① VP=主题陈列

VP 是以“提案性”为核心的“展示”，通过视觉主题的展示，给顾客留下很强的视觉印象，传递店铺理念。因此，在推出主力商品的时候，通常选择强调季节性趋势、印象深刻、主题鲜明、有话题性、新品介绍、本季主推等形式吸引顾客。

在展示地点上，一般选择橱窗、核心展示台和展示区等，即能吸引顾客第一视线的重要展示空间。

② PP=要点陈列

在 PP 中需要展示 IP 中没有表现出来的具有代表性的商

品及其特征。通过这样的重点展示，起到促进顾客购买 IP 中商品的作用。

展示地点一般选择卖场的墙面上部、商品陈列道具的上部和侧面，比如，如果是陈列柜，就选择柜子的上段部分或侧面。

③ IP＝单品陈列

IP 指的是卖场中商品单品的库存陈列。因为 IP 是顾客最后达成消费必须接触的空间，所以一定要认真完善其购买环境。

将商品分类整理，以便浏览、查找和拿取。在陈列商品的时候，可以使用落地挂衣架、衣架、展示桌、展柜等道具。

VMD的构成3要素

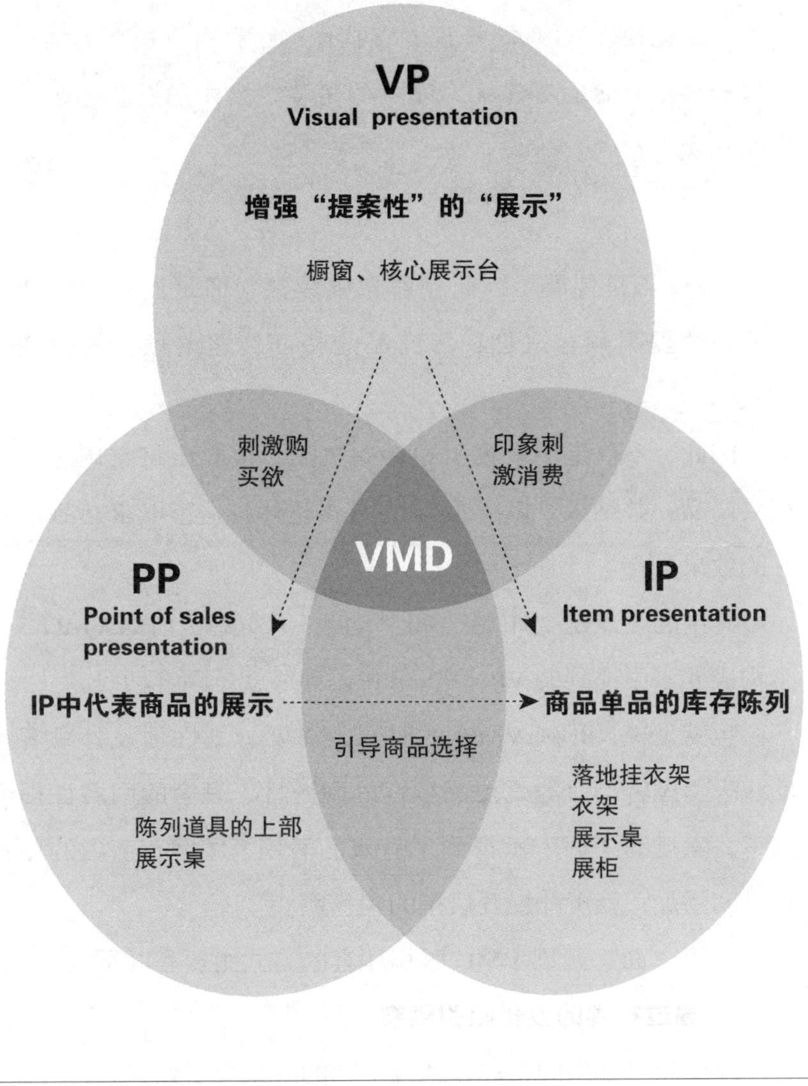
VP
Visual presentation
增强“提案性”的“展示”
橱窗、核心展示台
刺激购买欲
印象刺激消费
VMD
PP
Point of sales presentation
IP
Item presentation
IP中代表商品的展示
商品单品的库存陈列
引导商品选择
陈列道具的上部
展示桌
落地挂衣架
衣架
展示桌
展柜

37 如何利用“面”有效地开展 VMD？

据说在开展VMD（视觉营销）的过程中，重点不是部分展示，而是应该从“面”的角度，整体把握商品区域和卖场空间。那么，具体应该怎么做呢？

VMD不是使展示的商品看起来漂亮，而是通过视觉冲击的方式提高顾客兴趣，将商品的特征传达给顾客的营销方式。

因此，不仅是用来吸引顾客的单品，也应该将它周边的相关商品一并纳入，以“面”的方式整体打造，以求达到最好的效果。

其中的重点是“布局”和“动线”。布局是前面 VMD 3 个构成要素中提到的 VP、PP 和 IP，动线就是顾客动线。

也就是说，开展 VMD 的时候，需要计划性地设计顾客动线吸引顾客。目的是提高顾客的回游性，顾客的回游性提高了，卖场的“面”就得到了有效的活用，顾客在店内的停留时间增加，就可能提升店铺的销售额。

利用“面”开展 VMD 吸引顾客的方式主要有以下几点。

① 通过布局的变化吸引顾客

改变原来常用的布局，通过不同的气氛吸引顾客。

② 通过过道宽度的设计吸引顾客

设计过道宽度，通过宽度的不同，目的性地设计顾客动线，使顾客按照店铺设计的路线移动。

③ 通过魅力点的设置吸引顾客

将顾客感兴趣的点作为魅力点有计划、有目的地设置在卖场中，通过这样的布局吸引顾客移动，增加停留时间。

④ 通过 VP 布局吸引顾客

与③中提到的魅力点有些相似，就是通过 VP 展示的方式吸引顾客，通过视觉冲击引起顾客注意。

通过动线布局 开展 VMD 提高回游性

通过布局的变化吸引顾客

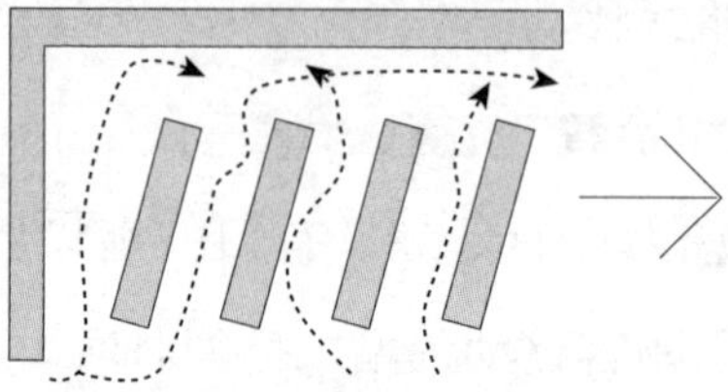

①决定动线
②打造主线路的引导重点

通过过道宽度的设计吸引顾客

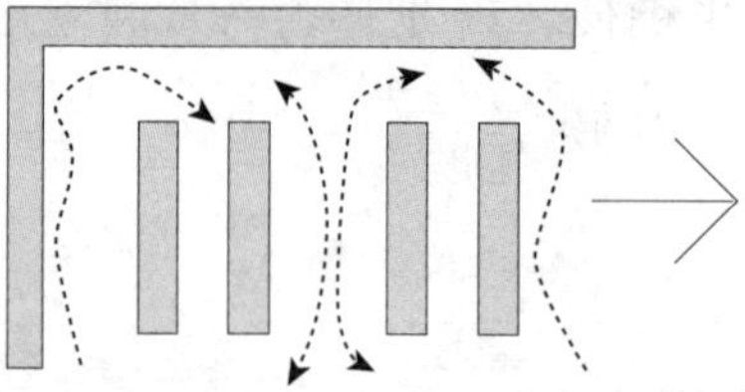

①主过道的宽度确保 2 人以上能够通行
②副过道的宽度确保 1.5 人以上能够通行

通过魅力点的设置吸引顾客

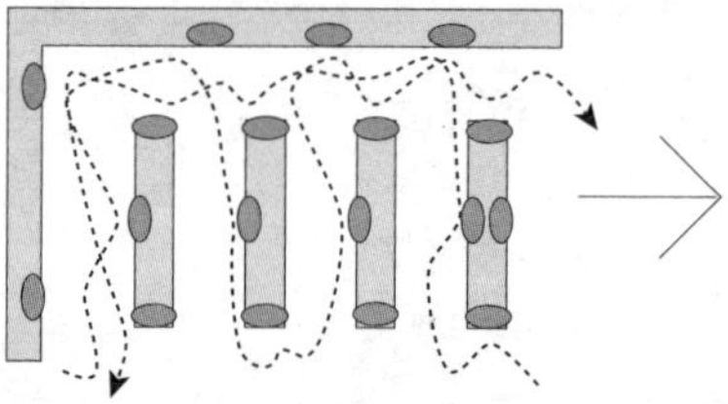

①1 个魅力点 1 个主题
②考虑动线进行布局
③引导动线需要 2 人以上的工作人员步行确认

通过VP布局吸引顾客

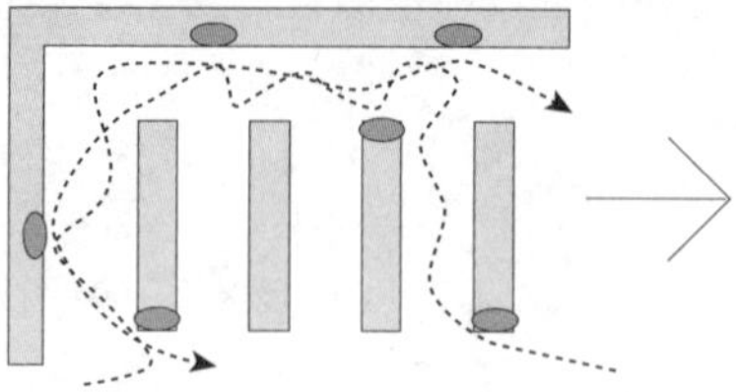

①将 VP 分为大、中两类，1 个主题
②VP 与 VP 之间的间隔约 3m
③确认 VP 管理负责人
④制成计划书

38 开展 VMD 的具体案例

感觉上已经能够理解 VMD 了，但是能列举具体案例说明一下吗?

VMD 起源于美国。1944 年，VMD 这个概念首次被提出。下面，就让我们看看美国开展 VMD 的具体案例。

照片①：这是一家化妆品专营店。门口处采用开放式设计，使顾客一眼就能够看遍整个店铺。利用明亮的色彩和适当的照明打造卖场形象，商品的陈列上也很有量感，在门口一眼望进去，就有种想走进店铺逛一逛的冲动。

照片②：商品的陈列主要利用墙面，通过货架陈列的方式展开。最上面的陈列层比视线稍微高一些，说明在陈列上很注重顾客的视线范围。商品的归类也做得很好，很方便顾客查找商品。商品的数量虽然很多，但是摆放规整，让人感觉很舒服。

照片③：展示台的正面面向门口，并且很精心地做了商品布局。这种柜台式的展示让人感觉如果在店内遇到什么问题需要咨询的话，店内的工作人员会给出专业性的意见。

而且，店铺整体也通过对颜色的把控，打造出干净、舒适的形象。

照片④：这是一家服装专营店的店内。左侧人台的服装搭配就是店内的 VP。店铺在布局上充分考虑了顾客的回游性，服装与杂货的摆放也很注意视觉平衡。天花板等地方嵌入照明灯，用柔和的光线打造卖场氛围。卖场入口处的陈列没有与过道平齐，而是采用“缩回”店铺偏中心位置的布局方式，另外，卖场在最里面挂出了大型宣传照片，这些布局都能够加深顾客对卖场的印象。

分解卖场 了解VMD

①化妆品专营店。利用店内的色彩和适当的照明打造卖场形象。从店铺门口就能看到墙面陈列和商品数量，吸引顾客进店

②墙面陈列很有量感，整齐有序

③展示台精心布局，吸引顾客进店

④左侧人台的服装搭配是店内的 VP。店铺在布局上充分考虑了顾客的回游性，服装与杂货的摆放也很注意视觉平衡

39 开展 VMD 时的重点是什么？

开展 VMD 的时候，应该注意哪几点呢？

VMD 也就是视觉营销，不能靠一时兴起想怎么布局就怎么布局，也不能突发灵感想怎么变化就怎么变化，更不能认为只要陈列得漂亮就万事大吉了。开展 VMD 的时候，首先需要明确目的，然后有计划地一步一步地进行打造。

因此，需要制订 VMD 计划书，根据计划书的步骤逐步开展。

VMD 计划书主要由“内容”＋“理由”＋“数量、价格”＋“时间”＋“人物”＋“地点”＋“操作”7 部分内容构成。

“内容”：明确对象商品的特征、核心主题。

“理由”：阐述商品价值、使用效果，明确选择理由。

“数量、价格”：把控销售数量和销售价格等。

“时间”：明确展出的时间从什么时候到什么时候。

“人物”：确定负责人。

“地点”：确认地点。地点不同，VMD 的表现方法也不同。

“操作”：明确具体的打造方法以及结束后的反馈体系。

在下页图中的“MD 要求”中，需要明确打造的核心内容，重点在于明确方向。“把控”就是指实施时的具体计划、开展方式等。

为了确保企划能够顺利进行，一定要有明确的方向性和具体的数据。接下来，就进入具体的“卖场的打造”了。

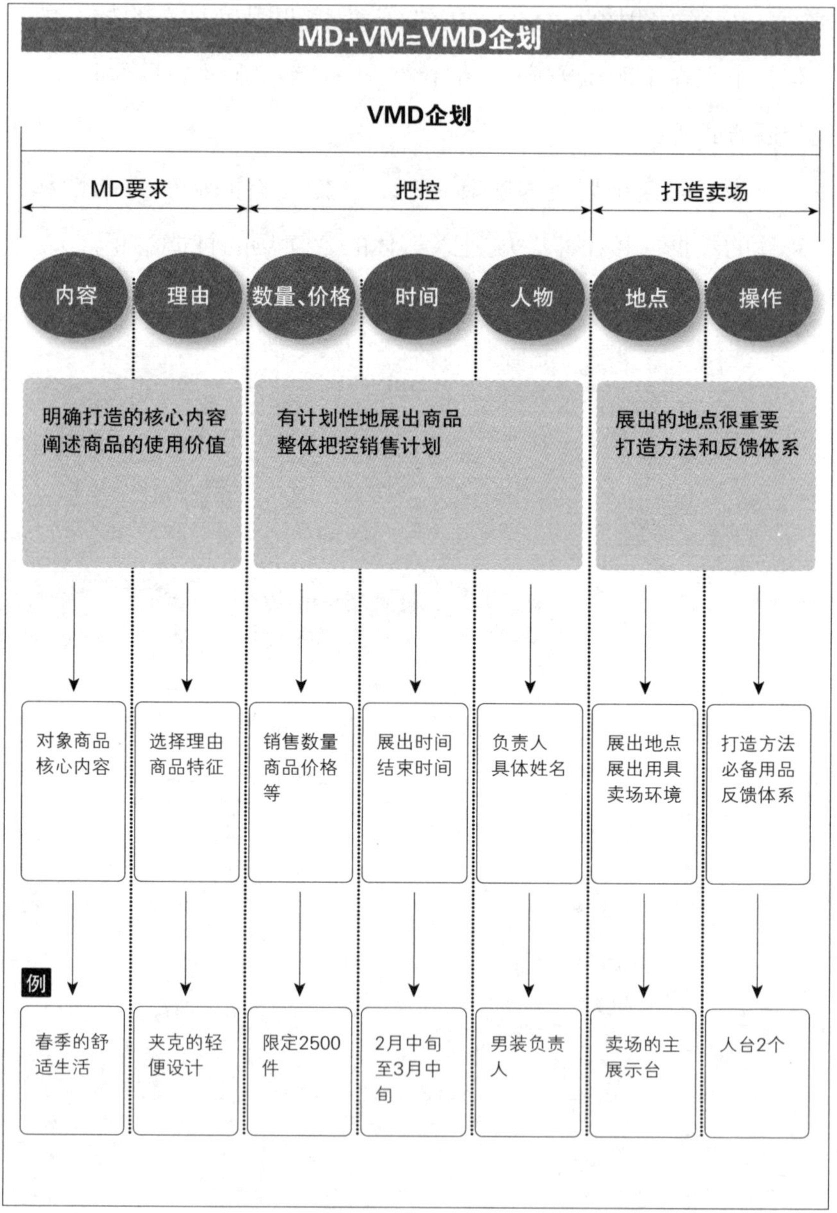
MD+VM=VMD企划
VMD企划
MD要求
把控
打造卖场
内容
理由
数量、价格
时间
人物
地点
操作
明确打造的核心内容
阐述商品的使用价值
有计划性地展出商品
整体把控销售计划
展出的地点很重要
打造方法和反馈体系
对象商品
核心内容
选择理由
商品特征
销售数量
商品价格
等
展出时间
结束时间
负责人
具体姓名
展出地点
展出用具
卖场环境
打造方法
必备用品
反馈体系
例
春季的舒适生活
夹克的轻便设计
限定2500件
2月中旬至3月中旬
男装负责人
卖场的主展示台
人台2个

40 商品展示中具有代表性的结构是什么？

人们总是会情不自禁地在漂亮的陈列面前驻足。那么，怎样才能完美地展示商品、吸引顾客呢？

商品的展示陈列就是 VP。在进行 VP 陈列时，主要有下面两个方法。

也就是说，根据店铺方针和陈列地点的不同，①如果是百货商店的橱窗或是店内的主要展示台，那么需要交给专业人士打造；②如果是店内的一般展台或是卖场中不太重要的橱窗，那么交给店内的工作人员就可以了。

在交给专业人士打造的时候，也不能认为对方是专业的，所以全盘委托给对方，自己不管不顾，店铺需要将自身的方针、计划、想法以及商品理念等明确地告诉对方，以打造出一个符合期待的卖场。

在专业人士中，有人持有“商品装饰展示技能士”证书。这属于日本国家职业资格证书，持有这个证书的人具备一定的水平，因此，在具体实施的时候，建议您多咨询他们的意见。

店内工作人员进行打造的时候，首先需要明确展示目的。

在陈列商品的过程中，很容易将商品展示打造得华美耀眼，采用夸张的陈列搭配方式，忘记最初的目的，这一点需要注意。

商品展示的方法没有固定形式。所以，店内工作人员在打造的时候，很容易会出现状况。比如，A 的商品搭配能力很强，但是 B 迄今为止毫不起眼，这样的话，店铺的商品展示就出现了差距，卖场的整体效果就乱七八糟、参差不齐。

因此，商品的展示形式在某种程度上需要规则化。基本的表现方法如下页图所示的 4 种类型。如果能够充分掌握这 4 种类型，那么无论谁都能打造出相同的效果，这样就可以消除由个人差距带来的不同了。

在商品展示中使用的结构类型

三角形结构

反复结构

对称结构

强调结构

41 如何活用墙面陈列中货架位置的特性提高卖场的吸引力？

在墙面陈列中，陈列位置和陈列方法不同，吸引顾客的程度也有所不同。那么，怎样做才能有效提高卖场吸引力呢？

商品陈列地点、位置、商品数量、陈列方法不同，吸引顾客的程度也有所不同。下面，关于墙面陈列，笔者来具体讲讲。

要想知道某种陈列方式吸引顾客的能力，那么首先需要确定陈列模式，再以此为基准进行陈列。通过打造“形”来明确吸引顾客的方法。

比如，陈列架的最上方采用 VP 或 PP 方式，展出商品的原则是 1 个主题中的 1 种提案；下面的陈列架都用于陈列商品，IP 的商品数量体现出量感等。

关于商品的陈列顺序，首先是分类商品。这里的分类商品指的不是易于商品管理的分类，而是站在顾客的角度，便于顾客理解的分类方法。

分类后商品的陈列位置，要在充分考虑顾客动线和店铺销售计划的基础上设定。

决定陈列架中的陈列位置时，需要考虑卖场的纵深和高度。纵深指入口处到店铺最里面的长度。高度指从地板到天花板的高度。

将店铺的纵深分为 3 部分，分别为前面、中间和后面。前面是纵深长度的 1/3 左右，然后将从 1/3 处开始到店铺最里面的这段距离划分为 5 等分，3/5 的部分是中间，其后的 2/5 是后面。

如果将高度的最高处设定为 180cm，那么 150～180cm 处为上部，120～150cm 处为中部，下部是从地板开始到 120cm 处，每个区域都陈列着适合的商品（下页图）。

1个主题 1个VP&PP原则

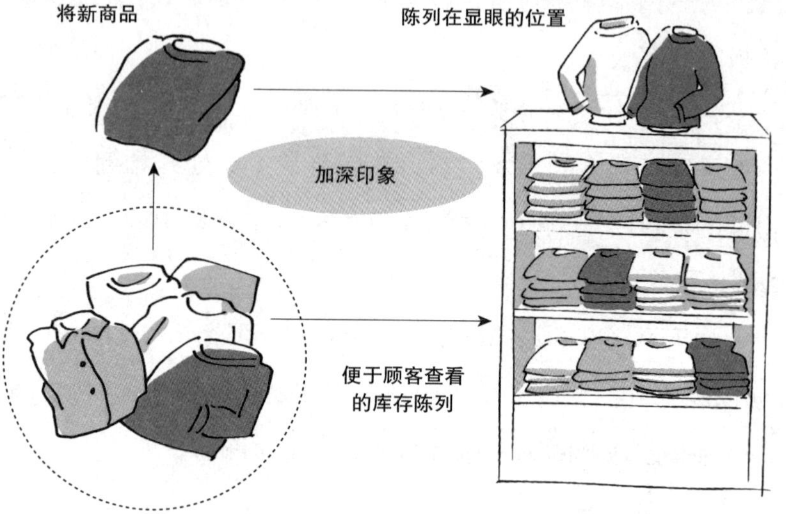

高度位置（单位：cm）	前面	中间	后面
上（150—180）	⑦活动商品	④PP 主力商品	①高级商品 名牌商品
中（120—150）	⑧购买频率高的 商品	⑤VP 展示区域	②固定商品区域
下（60、120以下）	⑨促销商品 低价商品	⑥补助商品 培养商品	③固定、价格适中的 商品

店铺的纵深：前面 1/3以下；布局：中间 3/5空间，后面 2/5空间

42 “放置型陈列”的基本类型是什么?

“放置型陈列”不能随随便便按照自己的意愿想怎么陈列就怎么陈列。那么，在陈列的时候，有没有比较轻松、简单的方法呢?“放置型陈列”的基本类型是什么呢?

如 133 页图所示，就是我们在“放置型陈列”中经常采用的几种比较简单、轻松的陈列方法。虽然除此之外还有很多，但基本上都可以归在这几种类型中。

① 杂乱式陈列

杂乱式陈列就是将商品看似随意地“丢”进商品特价车或筐中的陈列方式。

- 一定要将商品的正面示人
- 传达量感、压迫感
- 陈列用具要统一
- 1 个用具中只能陈列 1 种类型的商品
- 附上 POP

② 突出式陈列

突出式陈列指超过通常的陈列线，面向通道突出陈列的方式。这种陈列方式能够比较吸引顾客的目光，但同时也阻碍了顾客的正常通行，因此不太常用。

- 高度一般与后面相同或稍低
- 注意顾客动线和通道宽度
- 确定最低陈列量，注意商品数量
- 附上 POP

③ 层叠式陈列

层叠式陈列是将商品叠放起来的基本陈列方法。

- 正面示人
- 确定安定感
- 确定陈列数

④ 盘式陈列

盘式陈列是商品陈列中的基本陈列方法。

- 整齐陈列
- 注意托盘的大小和商品陈列之间的平衡
- 正面示人

“放置型陈列”的类型

杂乱式陈列

突出式陈列

层叠式陈列

盘式陈列

第 6 章

向顾客传递信息！

打造有效的商品展示的方法

所谓商品展示就是打造出商品的精彩部分展示给顾客。为了达到效果，在打造过程中需要精心布置设计。设计的目的是引起顾客的兴趣，吸引顾客注意。也就是说，这里的布置有提案的意思，有提案的商品展示才能吸引顾客。

提案就是店铺通过展示商品或搭配商品等方式向顾客传递诸如“这样您看怎么样?”的推荐性信息。在向顾客提案的时候，一般来说，基于店铺理念，以视觉为核心的打造方法是比较有效的。

展示商品的时候，让商品展现出自身的魅力点也是很有必要的。本章中，笔者就来介绍一些基础的、简单的方法。

43 如何使商品展示起到效果？

打造卖场的时候，将商品全部整齐地进行陈列，打造出来的卖场很整洁漂亮，但总感觉卖场过于沉闷，很无趣。那么，有什么好的改善办法吗？

在打造卖场的过程中，需要以顾客的购买心理和购买行为为依据进行布局。为了使顾客能顺利完成购物行为，完善周围环境是很有必要的。

如果卖场环境不够完善，比如，顾客在卖场的显眼位置看到了 PP 商品，很感兴趣，非常想购买，却不知道该商品摆放在什么地方，就放弃了；本来很想买一件商品，但是由于商品的摆放位置，太难拿到了；POP 或是商品周围的东西太大，遮住了商品本身，顾客很难看清楚等，诸如此类状况都会影响顾客的购买。

从上面的提问来看，因为陈列上还是很整齐的，所以购买行为中的“看”是没问题的，但店铺只为顾客提供“看”的条件是不够的，还需要注意如何吸引顾客看。

顾客在购买商品的时候，当然需要看到商品，不看到商品是无法购买的。但是，站在打造卖场的角度上，店铺更需要的是通过布置设计“让顾客看到”。

“让顾客看到”就是通过布置或搭配商品，吸引顾客看到商品，对商品感兴趣。布置设计就是提案的意思，向顾客提案，然后吸引顾客。

提案商品也是展示商品。在店内设置商品展示，打造魅力点，使店内商品主次分明、有张弛，成为一个有趣的卖场。

商品展示中有 3 个重点需要注意。

① 要有提案性，能够抓住顾客的心。

② 主力打造核心信息。设计上要简单、直接，不要过于复杂，影响商品信息的传递。

③ 表现上要突出重点。一般来说基于店铺理念，以视觉为核心的打造方法是比较有效的。

3 个演出重点　打造有趣卖场

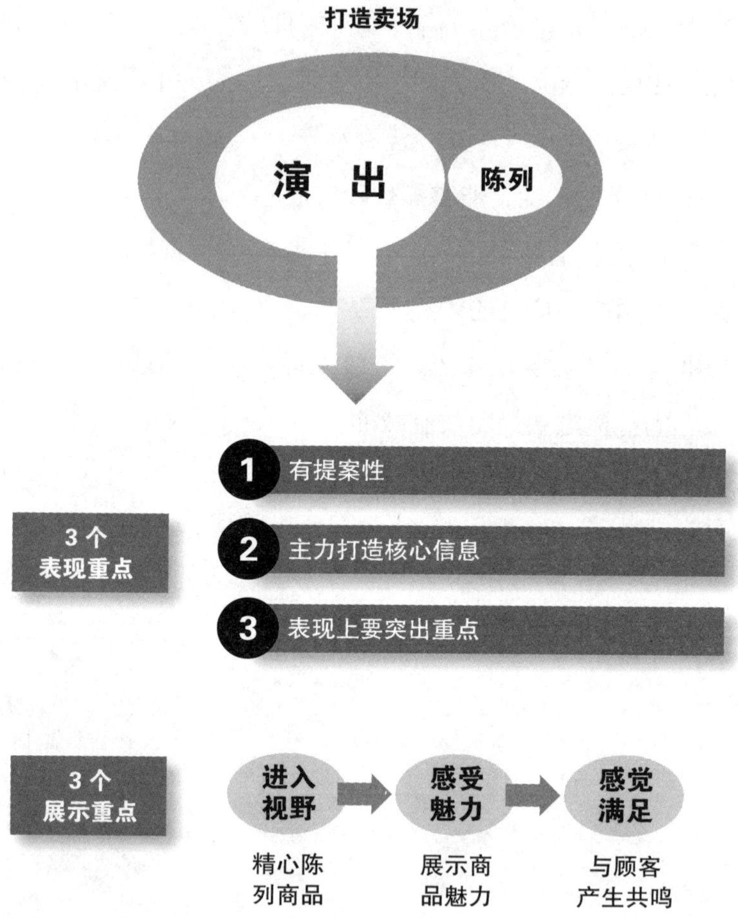

44 展示商品的时候应该注意什么?

在店内展示商品的时候会打造一些魅力点以吸引顾客。那么，为了达到好的效果，应该注意些什么呢?

作为顾客进店消费的动机，顾客在选择某家店铺时的想法就是诸如“如果买同样一件商品，那么会选择在满意度比较高的店铺购买”。

因此，顾客对于店铺的满意度对店铺销售额的提升有很大的影响。提高顾客满意度有很多方法，比如，商品的核心魅力很容易被领悟；商品的陈列方式便于顾客理解、利于顾客购买；商品展示很有提案性，一看就知道所要传递的信息是什么；商品的搭配很有品位；卖场的环境很舒适等。

展示商品的时候需要陈列者的感觉，但如果陈列商品的不是专业人员，而是卖场工作人员，就需要某种程度的规则化。也就是说，由于卖场工作人员所具备的审美素养参差不齐，为了避免陈列出来的商品出现偏差，要尽量制订标准，比如确定基本数据等，以保证卖场质量。

比如，陈列商品的时候规定采用三角形结构等。

展示商品的时候，需要注意以下几点。

① **易于明白**：在展示商品的时候，不仅要将商品漂亮

地、整洁地展示出来，还要注意商品的主题，将想要传达给顾客的内容信息以顾客最易于理解的形式表现出来。

② **有差异性**：每家店铺都有自身的特点，在打造的时候，要注意将店铺个性充分表现出来，展现自身与其他店铺的差异性，以明显区别于其他的形式展示商品。

③ **有品位**：展示商品的时候，要采用大众都能理解的审美形式展现商品的流行感和品位。让每位顾客都能感受到商品的魅力，觉得商品很高级，很有质感，达到展示商品的目的。

④ **表现上引人注意**：打造商品的时候，要注意商品陈列上的平衡感，合理的陈列搭配会让顾客感觉很安心。展示商品上也要注意亮点的设置，通过亮点吸引顾客，提高顾客对商品的兴趣。

⑤ **易于购买**：店铺展示商品的目的在于打造魅力点，吸引顾客注意。顾客被吸引后，按照购物心理就是拿起商品仔细地看。因此，在商品展示空间的旁边一定要设置顾客的购买区域，将可供顾客触摸查看的商品陈列其中，这样可以提高顾客的店铺满意度，也可以促进卖场营业额的增加。

展示商品 打造重点
有提案性
VP
易于查看、易于购买的环境
展示商品的重点
尽量避免由个人审美素养不同带来的差异性
展示时的要点
表现形式
1 易于明白
明确的主题性，顾客最易于理解的形式
2 有差异性
个性的，明显区别于其他的表现形式
3 有品位
美感表现，有品位、有质感的表现形式
4 表现上引人注意
有平衡感，能够吸引眼球的表现形式
5 易于购买
需求商品能够触手可及，打造让顾客满意的购物环境

45 展示商品的时候，如何使商品更引人注目？

在展示商品的时候，特别是 VP 陈列的时候，总是希望展示的商品能够更引人注目。那么，应该怎么做呢？

大致上可以分为以下 3 个重点。

① 布局问题

在布局问题中主要需要注意的是顾客动线。相对于顾客动线的设计方向，动线的正面是最吸引人注意的地方。也就是说，商品的展示位置应该是垂直于动线的。因为顾客在沿着设计的动线移动时，正面出现在眼前的商品是最能吸引他们目光的。如果商品的展示位置平行于动线，顾客可能根本没有注意到商品就已经走过去了，这样的话，商品的陈列就失去了原来的目的。

在布局的时候，要注意 VP 展示或是主展台陈列的商品一定要出现在顾客的正面，这样才能更加吸引顾客眼球，引导顾客消费。

② 视线问题

展示商品的时候，如果想让商品足够吸引顾客目光，就需要在设置的过程中有意识地考虑到“高度”的问题，也就是说，将商品陈列在多高的位置才能引起顾客的足够注意。

通常来说，高度设置在 120～150cm。这个高度符合一般人的视线范围，将展示的商品陈列在这个位置，可以使商品自然地进入视野中，这个高度被称为最有效的高度。另外，如果商品采用货架型陈列方式，那么这个高度不但便于顾客看到，也方便顾客拿到商品。

打造商品魅力点吸引顾客的时候，也可以利用从 150cm 左右到天花板的这段距离，这个高度对于打造卖场形象很有帮助，它能给顾客留下深刻的卖场印象，作为 VP 的陈列位置比较常用，也比较有效。

③ 表现问题

展示的商品在表现形式上需要有立体感，立体的摆放才能更吸引顾客的注意。在摆放的时候需要注意，不要将商品陈列在视线以下，或者以凹面的形式展示商品，因为这样的摆放方式会减弱商品的吸引力，缺乏冲击力。摆放的时候，要多采用凸面形式，通过这种类似于向上涌起的结构使商品生动起来，增加卖场活力，营造一种活跃的卖场气氛。

另外，在陈列整齐的商品中出现了富有变化性的凸面陈列，也会使采取凸面陈列的商品与其他商品形成差异，这样就起到了更加突出商品的效果，使凸面商品成为顾客目光的聚集点。

使商品更引人注目的展示方法

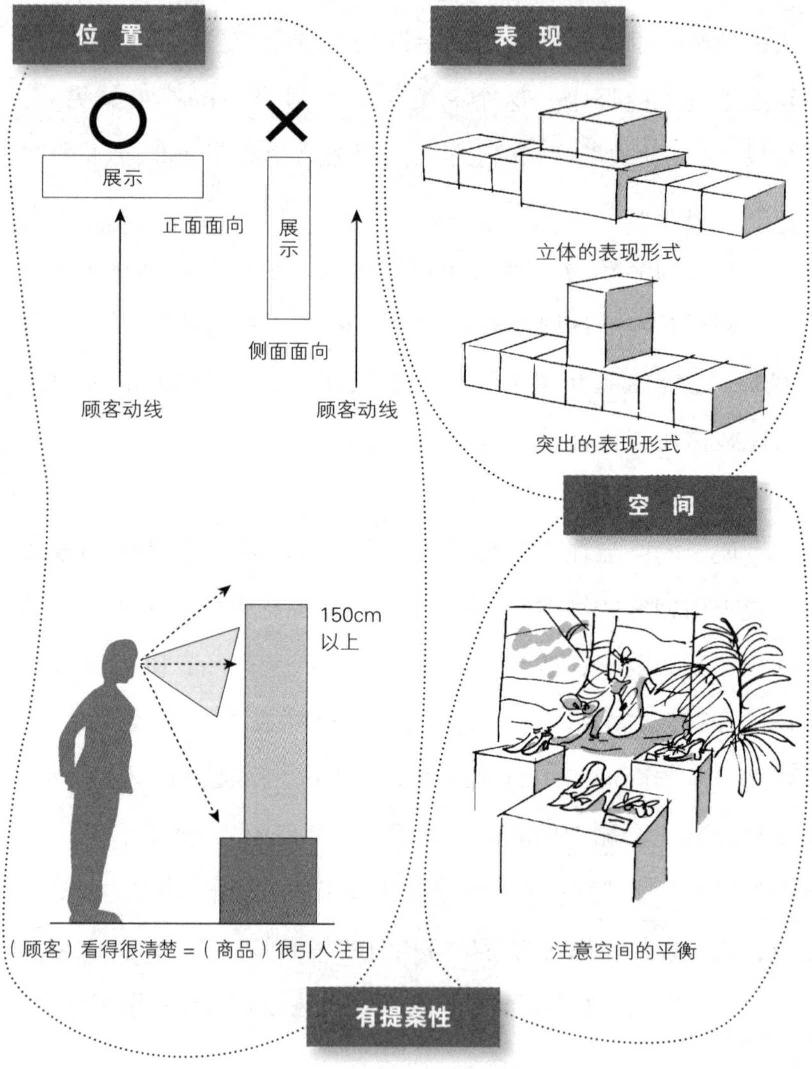

46 如何打造卖场的魅力点？

经常听说打造卖场的时候魅力点很重要，那么应该如何打造呢？

147 页图是一家开设在百货大楼里的珠宝专营店的 VMD 平面图。

在这个平面图中，VMD 构成中的 VP 和 PP 作为卖场的“魅力点”发挥着很重要的作用，它直接影响了顾客动线的设计。也就是说，通过在卖场中有计划地设置 VP 和 PP，引导顾客在卖场中的移动路线，最大化地活用卖场空间，增加卖场的吸引力。

在卖场中设计魅力点的原因，具体来说有以下几点。

① 能够提高顾客的回游性，增加顾客在店铺的停留时间。

② 被选择作为魅力点展示出来的商品都是店铺内比较有代表性的，根据顾客对展示商品的反应，可以更清楚消费者对商品的需求，对于今后的店铺商品构成有很大的帮助。

③ 如果店铺中不设置魅力点，那么整个卖场就让人感觉很单一，很无趣。增添魅力点后，卖场就有了张弛性，有了主次分明感，让人觉得卖场充满变化，是个有活力的卖场。

那么为了打造出有效果的魅力点，应该留意哪些问题呢？

① 魅力点的设置要有焦点。也就是说，打造魅力点的时候，不要涉及太多方面，要针对一个点集中打造，做到重点突出。并且，表达方式上要简单直接，使所要传达的信息一目了然。

② 作为魅力点展示出来的商品应该是顾客需求较高的商品。

③ 打造的时候，注意要彻底，要让顾客感觉展示出来的魅力点有统一感，整个卖场很有活力。不要只是精心地打造一部分，要有计划性。

④ 打造出来的魅力点一定要有质感，让顾客感觉很高级，一定不能有廉价的感觉。

⑤ 新商品或是通过流行性、话题性打造魅力点的时候，魅力点的设置位置也是需要注意的。根据卖场的整体状况和卖场的布局情况会有所不同，但一般来说都会设置在以下位置。

- 展示柜的端架位置
- 展示柜的侧面
- 布局的角位置
- 墙面陈列架的上段部分
- 陈列柜或柱型展示架的上段部分

珠宝专营店打造VP、PP魅力点的平面图

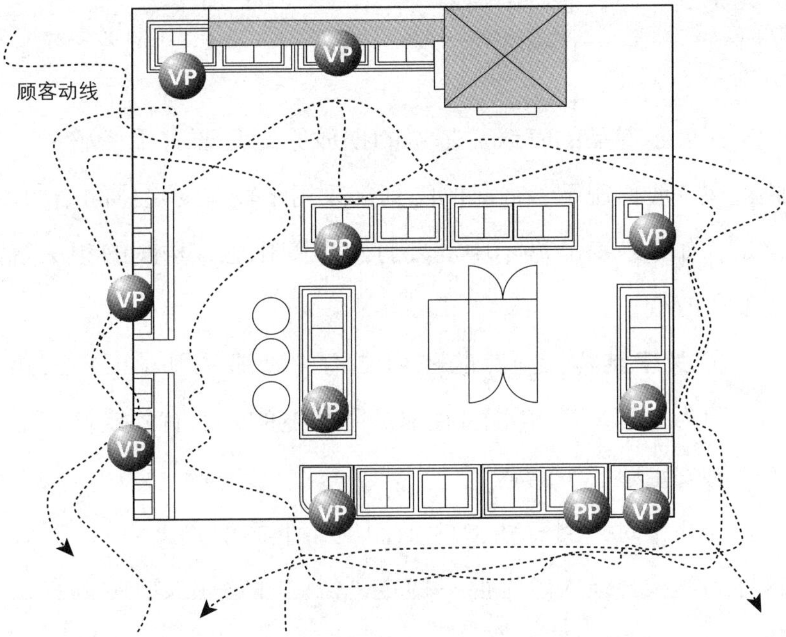

PP: 陈列有代表性的商品

VP: 将有流行性、提案性的商品陈列在引人注目的位置

47 如何打造有变化性的商品展示？

在 VP 展示中，商品的展示形式总是感觉过于一致，缺乏活力。那么，如果我想采用一些有变化性的商品展示形式，应该怎么做呢？

在展示商品的时候，基本的摆放原则是要有平衡感。因此，在一般情况下，商品的陈列都采用比较有安定感的结构。但是，如果在商品展示中需要打造出变化感，构图的想法就要发生改变。

① **关于结构**：商品的陈列结构一般都采用（正）三角形，因为（正）三角形的底部是比较宽的，很有稳定性，给人一种安定感、平衡感。

与此相对，倒三角形的上面宽，下面窄，支点在底部，这样的形状会让人感觉很不稳定，但同时它让人感觉很有动感，很富于变化性。

② **关于排列**：将商品整齐地摆放在一起，便于顾客查找商品，让顾客对店铺的商品一目了然，同时也易于比较。

将商品不规则地陈列在一起，优点是比较有动感，有变化性，但因为摆放商品时的不规律，很可能给顾客带来麻烦，使顾客找不到自己需求的商品，对于感兴趣的商品也无法及时进行比较，错失销售的机会。因此，采用这种陈列形式的时候，应该有计划性，仔细讨论如何使商品摆放既有灵活性又有平衡感。

③ **关于商品展示**：以直立形式井然有序地陈列商品，可以便于顾客比较商品，清楚店铺的库存量。

如下页图所示，这种陈列方式改变了原本井然有序的直立陈列，使商品在摆放上更有灵活性、冲击力，让人感觉整个卖场充满活力，非常有趣。

④ **关于色彩**：色彩上采用渐变结构比较有规则感，而且因为颜色的变化是有过渡的逐步推进，所以会给人带来安定感。

与此相对，如果采用如下页图所示的色彩调配形式，加强颜色的强弱、浓淡对比，就会使展示出来的商品很有冲击力，富有变化感。

⑤ **关于搭配**：在搭配商品的时候，如果商品颜色、设计、材料、形状等都属于同种类、同色调，展示出来的效果就会很有平衡感、稳定性。

但是，如果在展示商品的时候，将不同形状、不同材料、色彩对比度强的商品搭配在一起，卖场的丰富感就会增强，就更能引起顾客的关注。

安定感陈列与变化感陈列

	安定感陈列（静）	变化感陈列（动）
1 结构	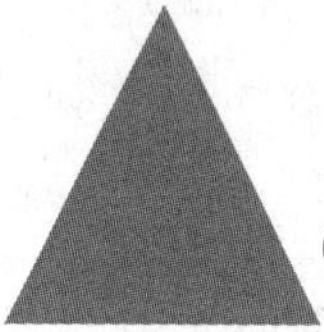 （正）三角形结构	 倒三角形结构
2 排列	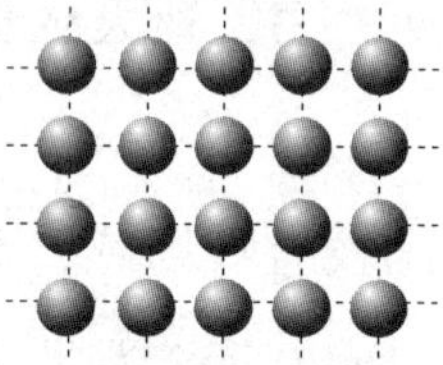 整齐排列	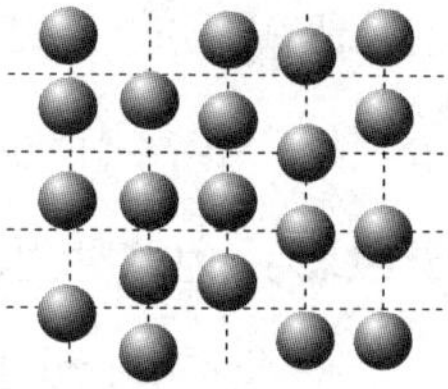 不规则排列
3 商品展示	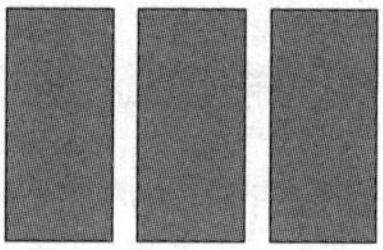 直立陈列	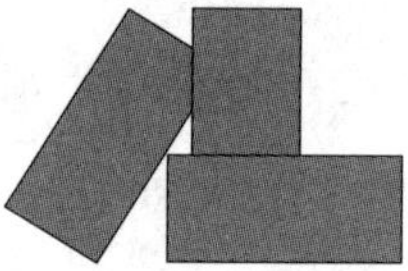 灵活陈列
4 色彩	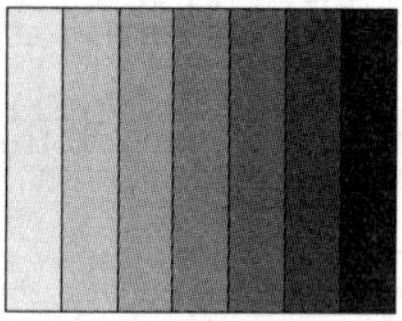 渐变	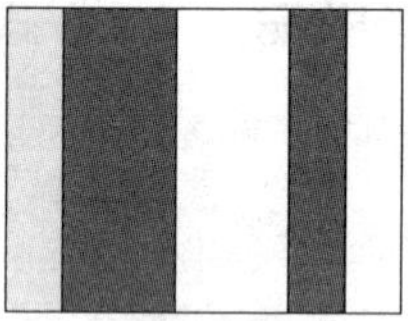 色彩对比
5 搭配	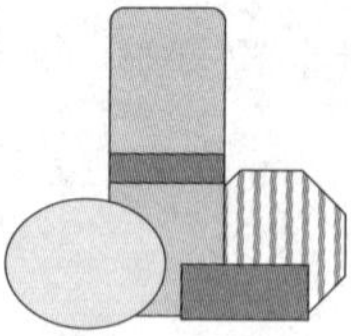 同一色调的搭配	 对比度强的搭配

48 如何打造商品展示的焦点？

在展示商品的过程中，总是感觉打造出来的商品展示没有焦点，缺乏集中性。那么，应该怎么解决这个问题呢？

在展示商品的时候，一定要杜绝无目的、无计划性地陈列商品，也不要将商品摆放得随处皆是，这样会使商品陈列变得毫无意义。

商品展示的意义“不是提示顾客卖场里正在销售这种商品，而是通过提案的方式向顾客传达商品的使用价值，告诉顾客如果您像我这样使用（穿上、食用等）该产品，就会达到您看到的效果（新的发现、新的价值、方便性等）”。只是将商品摆放出来，无法传递商品价值的话，也同样无法让顾客感觉到商品的魅力。

因此，如何在展示商品的时候，打造出商品魅力，秘诀就在于您是否能够把握该商品所要传递给顾客的信息，如果抓住了这一点，并将其作为重点突出打造，商品展示就有了焦点，展出商品的目的就达到了。

基于以上的想法，在展示的表现手法上，还需要注意以下两点。

① 注意打造空白空间

在摆放的时候，要注意一定不要将商品无缝隙地堆挤在一起。这样陈列商品会使人感觉喘不过气来，看着就觉得很辛苦。而且，只是将商品大量地摆放在一起，是不能将商品的价值和主题很好地传达给顾客的。

为了改善这样的状况，关注点不在“陈列空间”，而是要采取逆向思维，想想如何打造“空白空间”，利用空白空间来突出商品。也就是说，展示商品的时候，除商品的陈列区域外，还要在周围留出空白位置，这样才能够使商品得到有效的关注。

关于周围需要留出多少空间，根据需求和主题不同会有所差异，但基本上要打造出 1cm 以上的空白区域。

② 注意陈列的区域化

摆放商品的时候，如果只是将分类的商品单纯地陈列在一起，那么会让人感觉很单调、很无趣，无法将商品的魅力传达给顾客。

因此，在陈列的时候需要注意，分类后的商品要区域化地一部分一部分地进行摆放，每一部分之间都要空出间隙，形成明显的界限。这种方式，才能使展示出来的商品有焦点，吸引顾客目光，清晰明了，便于查看选择。

展示商品时的注意事项

确保区域平衡

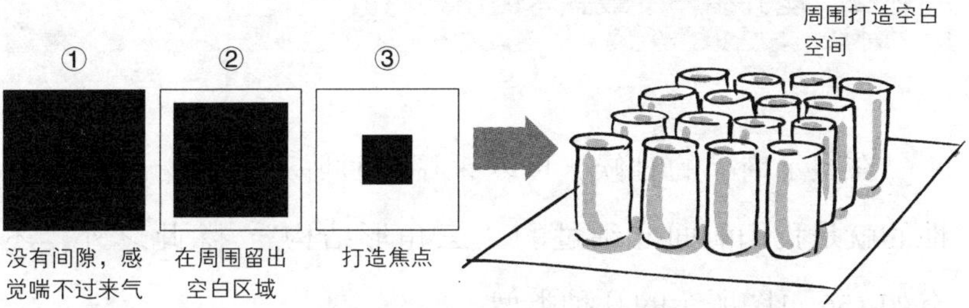

注意陈列的区域化

将分类的商品整齐地陈列在一起

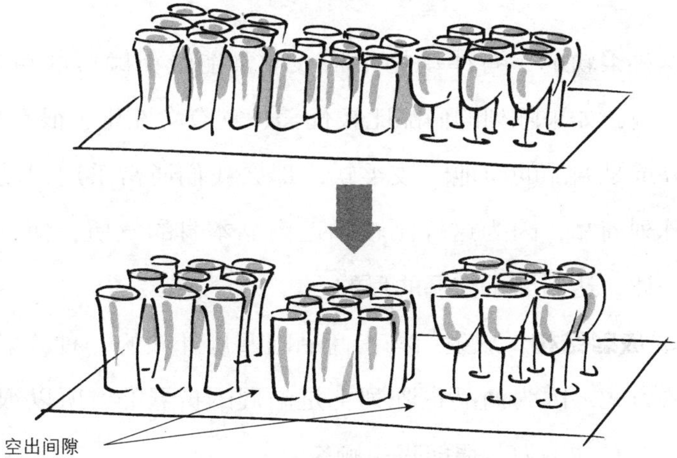

将商品分类，空出间隙形成区域化陈列

49 商品展示的基本结构是什么？

我知道在展示商品的时候可以采用多种结构类型，那么，能介绍一下最基本的结构吗？

在展示商品的时候，可以采用多种陈列方式，最有代表性的就是我们前面介绍过的“三角形结构”。除此之外，还有如156页图所示的几种类型。

① **律动结构**：律动结构就是将一种构成模式反复陈列，也称为反复结构。这种反复陈列的方式，使商品展示成为有曲线的节奏律动，给顾客一种非常活泼，有变化，不死板的印象。

这种柔软的、有律动的结构线非常能吸引顾客的目光。一般来说，如果陈列的商品比较优美、富有女性化、很有趣、很漂亮或是商品的质地比较柔软，那么我们通常采用律动结构来陈列商品，因为这样比较贴近商品本身的气质，使二者融为一体，达到展示商品的目的。

② **放射结构**：放射结构指商品向四周开放的一种放射状的陈列方式。因为商品在陈列上是向周围扩展的，所以很有动感，很有冲击力，很能吸引顾客。

这种结构经常被用在柜台或是整个卖场的核心区域，因为它的“聚视”能力，能够使展示的商品发挥更大的魅力，让顾客驻足。

③ **斜面结构**：利用斜面结构陈列出来的商品比较有动感、有节奏韵律、有变化性。

因为是斜面打造，商品在陈列形式上是倾斜的，所以要格外注意布局上的平衡。斜面结构经常被用在打造比较有舒适性的主题商品上，另外由于斜面结构给人很强的动感性，所以在陈列年轻化商品的时候采用这种结构也是比较有效果的。

④ **水平结构**：水平结构就是横向扩展、形成鲜明延长线的结构。

虽然在商品的构图上，采用的是左右扩展的结构，但是由于水平陈列，所以会给人带来静态的感觉。另外，因为商品在表现形式上比较有统一感，所以这样陈列的商品比较方便顾客查看和比较。

这种陈列结构通常用于展示基础商品、有流行感的商品和有重量感的商品，实践证明还是比较有效果的。

商品展示中的几种结构类型

律动结构

利用反复陈列，形成律动结构，吸引顾客眼球

放射结构

面向四周的开放性结构

斜面结构

有动感、有变化性的结构

水平结构

横向扩展、形成鲜明延长线的结构

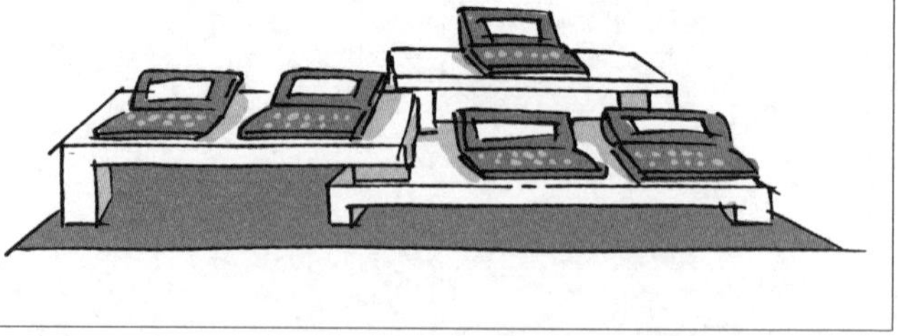

50 展示商品的具体技巧是什么?

在展示商品和陈列商品的时候，有哪些具体的技巧呢？同时，使用什么工具才能达到好的展示效果呢？

关于商品展示和陈列的表现形式，主要分为以下几种。

① **放置**：通常有 3 种方法。

• 将商品叠起放置。“将商品叠起放置”就是先将商品折叠起来，然后再进行放置的陈列方法。这分为两种折叠方式，一种是普通的整齐折叠，另一种是打造一些形状的造型折叠。这种陈列方式会用到桌子、五斗橱等收纳柜、玻璃展柜。

• 将商品展开放置。“将商品展开放置”就是将衣服或毛巾等布类商品采用铺开的形式进行放置的陈列方法。这种陈列形式可以使顾客清晰地看到商品设计和商品图案。通常会用到桌子、五斗橱等。

• 将商品立起放置。“将商品立起放置”就是将礼品套装等盒装物品采用竖立方式进行放置的陈列方法。摆放的时候需要注意，一定要将物品的正面面向顾客，这样才能使顾客一看到商品就能大致了解其中的内容，增加顾客的店铺好感度。一般会用到桌子、收纳箱等。

② **悬挂**：这里的悬挂有“吊挂”的意思。就是利用细

的、透明的尼龙丝线打造好商品的造型，然后将其吊挂起来。比如，有的吊挂形式就像是“让商品飞起来”一样，我们称之为“飞型吊挂”，这种形式比较活泼，有动感。在使用工具上，一般会用到钉子和尼龙丝线。

③ **普通挂式**：就是将商品挂在衣挂和挂钩上的陈列方法。使用挂钩的时候，需要注意采用“向前补充”陈列法。所谓“向前补充”陈列法就是，前面的商品销售出去之后，要将后面的商品及时补充上来，避免陈列上出现空白空间。将商品以挂式方式陈列时，可以采用让顾客看到正面的“正面陈列”，也可以采用让顾客看到侧面变化的“侧面陈列”。利用衣挂陈列时，也经常将衣挂整齐地挂在横杆上展示商品。普通挂式陈列方式会用到衣挂、挂钩、落地衣架、横杆等。

④ **模特展示**：把衣服穿在假人模特或人台身上展示商品。通常会使用到假人模特、人台等。

⑤ **其他技巧**

- 用大头钉将商品固定在墙面或软板上展示商品。
- 利用大头针、尼龙线等材料，给布料类商品打造出如褶皱状下垂等各种造型，通过这样充满设计感的方式展示商品。

在使用以上这些技巧陈列商品的时候，注意要根据商品的特征以及店铺主要打造的内容进行区分使用。

展示商品的技巧

		技巧	展示位置
放置	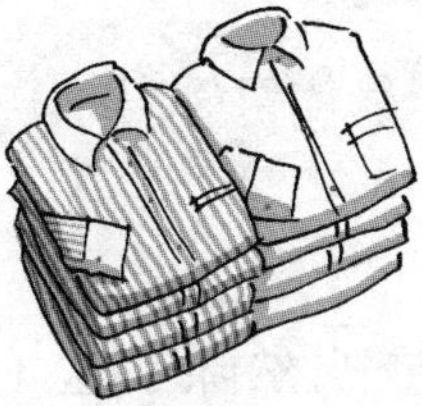	叠起放置、展开放置、堆积放置、立起放置	桌子、五斗橱等收纳柜、玻璃展柜
悬挂	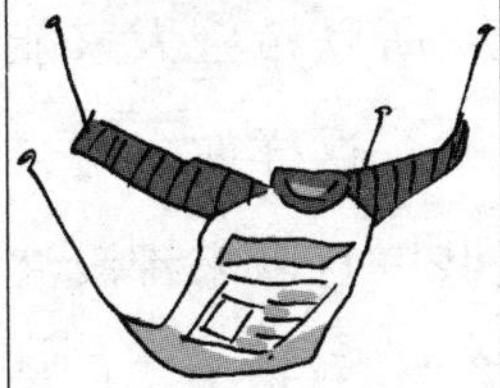	飞型吊挂（用尼龙丝线吊起）、垂式吊挂、吊式悬挂	墙面、天花板等
普通挂式		挂在挂钩上、挂在衣架上、挂在横杆上、挂在展示网上等	衣挂、挂钩、横杆、落地衣架、展示网等
模特展示		穿在假人模特身上、利用人台展示衣服	假人模特、人台等
其他技巧	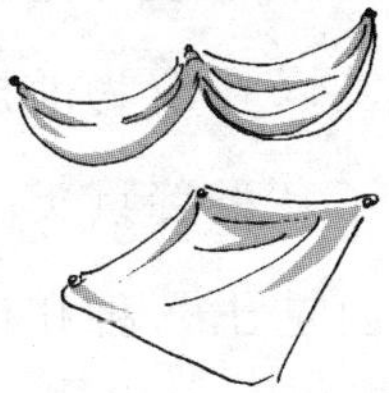	粘上、褶皱陈列等	墙面、人台、架子等

51 商品展示的具体案例

商品展示有各种类型，能介绍几个具体案例吗？

下面笔者简单地介绍 4 个具体案例，当然除了这 4 个，还有很多值得大家借鉴的商品展示形式，所以希望大家能够多出去逛逛，多观察各家店铺的陈列方式，这样你一定会有很多收获，比如，“这种商品展示方式是我一直以来都没注意到的”“（这个东西）还可以这样使用啊”“这种搭配实在是太棒了”等。

另外，在借鉴的时候，不要只关注同行业，我建议大家要积极地关注一下其他行业，也就是跨行业关注。因为如今我们的生活方式不再单一，选项越来越多，顾客的需求也随之变得多种多样。跨行业关注可以得到更丰富的信息，获得同行业不能提供的建议和经验等，所以跨行业关注在提高店铺陈列的灵活多样性方面是很有帮助的。

照片①：餐桌布置的 VP。正式的餐桌布置需要考虑到礼仪问题。因此，餐具、装饰品等的摆放都要以礼仪为前提进行布置。在餐桌周围的墙面展示柜里摆放了各种餐具类的陈列品，这些陈列品与桌面餐具遥相呼应，打造出一种和谐的氛围。

照片②：以年轻、时尚、舒适为卖点的橱窗展示。在这个案例中，店家在玻璃面的橱窗上喷上了 POP 文字，将搭配好的服装穿在假人模特和人台上，在墙面上布置了灯光并保持卖场整体风格与灯光色彩协调一致。

照片③：将海魂衫和帆船组合在一起的、带有故事性的橱窗 VP。采用了一种易于顾客了解商品的陈列方式展示海魂衫。因为商家在展示商品的时候，对于用到的道具也颇为用心，所以陈列出来的商品让人感觉很有质感。在商品展示中，这些道具的使用可以大大增加商品的冲击力，吸引顾客。

照片④：礼品的 VP 陈列。将室内装饰的小物件摆放在桌子上，中心处通过陈列圣诞树和礼品盒来吸引顾客目光。

商品展示的各种案例

①餐桌布置的 VP。墙面展示柜里摆放的各种餐具类的陈列品与桌面餐具遥相呼应，打造出一种和谐的氛围

②玻璃面、橱窗里的服装搭配和墙面上的灯光色彩很有一体感

③构图很直接、很有故事性。服装的展示也结合了“海”，易于顾客了解商品

④礼品的 VP 陈列。室内装饰的小物件被摆放在桌子上。礼品盒和圣诞树是商品展示中小物件的核心

第 7 章

把负变为正!

使卖场重新获得生机的方法

在打造卖场或展示商品的时候，有时自己希望的效果并没有达到，有时商品的陈列和预计的布局并不吻合，有时卖场的发展并不如自己所愿。诸如这样的情况，在打造卖场的过程中会经常遇到。但是，即使这样，我们也没有必要放弃。只要我们多花些心思，卖场就可能重新获得生机，出现意想不到的效果。

因此，如果卖场中存在还没有被充分利用的空间，或是对于整个卖场来说，尚属于不能创造价值的“负”元素，我们就要多花费时间和精力，思考能够把“负”变为“正”的方法。

52 如何改变商品杂乱的状态？

商品在销售中经常会出现销售数量不均的状况，如果在陈列上不能对商品做出相应调整，整个卖场就会让人感觉很杂乱。那么，怎样才能改变这样不整齐的状态呢？

陈列商品的时候，如果商品摆放得不整齐，不仅会给顾客带来杂乱的印象，还会使商品难于查找，不便于了解，给顾客带来麻烦。

因此，在陈列商品的过程中，商家需要多花费些心思，采用能给顾客带来“统一感”的陈列方式。

① **主题式陈列**：设定一些主题，将相同主题的商品汇集在一起，通过这种主题式陈列的方式吸引顾客。比如，根据每月的特点，推出当月的应季商品；或是自主确定主力商品，开展有主题性的销售活动；也可以推出开学季、圣诞之夜等主题活动。

② **三明治式陈列**：就是将商品夹在人气商品或店铺主力推销的商品、比较有量感的商品之间陈列的方法。如果该商品的上下或左右的商品比较有量感、有气势，那么即使该商品数量不足，也会让人感觉它们是一个整体，留下“一体

感”的印象。

③ **组合式陈列**：将各种商品组合在一起，打造商品新魅力，吸引顾客。商品原本作为单品被陈列出来的时候，魅力点的打造都是集中在如何展现单品本身的魅力上，将它与其他商品搭配后，原来的魅力点发生改变，更加注重整体形象，这样的形式更能够提升商品价值，唤起顾客的购物欲望。

④ **显眼式陈列**：因为商品在销售过程中会经常出现销售数量不均的状况，所以有的人认为在调整剩余商品陈列形式的时候，不能将这些商品集中在一起，这样会使商品显得更加杂乱。但是，我认为反而要采取逆向思维，将这些商品汇集在一起，然后通过展示的形式，将它们摆放在能够让顾客目光停留的显眼位置，利用这种逆向方法吸引顾客。

⑤ **套装式陈列**：通过混装或搭配的形式，将商品以套装的形式组合陈列。这样，原本作为单品时强调的商品概念就发生了变化，形成了新的理念。比如，将多种单品汇集在一起包装出来的礼品套装。

⑥ **POP 式陈列**：利用 POP 进行商品说明，宣传商品卖点。通过这样的形式吸引顾客，唤起顾客的购买欲望。

改变商品杂乱状态的方法

主题式陈列

三明治式陈列

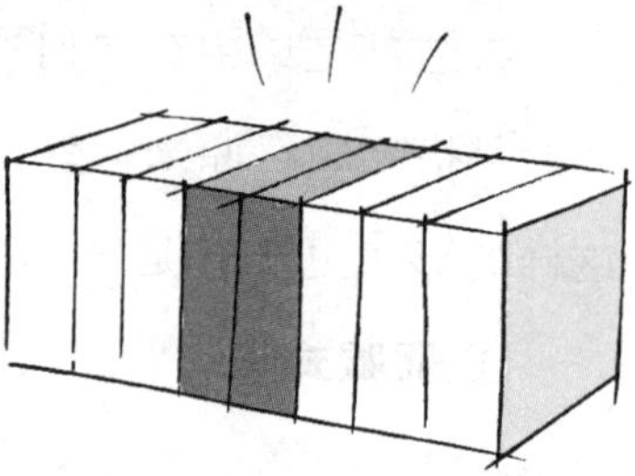

套装式陈列

组合式陈列

53 提升甩卖商品自身魅力的要点是什么？

在甩卖商品的时候，如果只是将打折商品随意堆积在一起，不花心思陈列打造的话，销售状况一定不容乐观。所以我想通过打造甩卖商品，提升它们的自身魅力，促进销售。那么需要注意什么呢？

甩卖商品时，主要是通过便宜的价格吸引顾客，但只是单纯地降低价格，不花费时间和精力在打造商品本身上的话，也无法达到预期的效果。因此，在销售这些商品的时候，也需要多花费些心思。

那么，在打造的过程中，应该注意些什么呢？

① 有活力

在商品的打造上要有活力，让顾客感觉打折商品也同样有“精气神”、有“气势”，给人一种“明亮”的感觉。虽然是甩卖商品，但也让人觉得“生机勃勃”。

② 有量感

在销售打折商品的时候，也需要注意商品的量感和带给顾客的“冲击力”。通过商品展示等方式，利用视觉营销吸引顾客，引起顾客注意。

③ 有惊喜

虽然是店铺的折扣商品，但也要让顾客感觉到如果不亲自来店铺，就感受不到卖场带来的乐趣，不挑选些商品就好像有损失似的。通过经常举办一些主题活动，让顾客有“获得感”，发现惊喜，从而吸引他们经常光顾店铺。

④ 便于明白

甩卖商品的陈列很容易杂乱无序，这样就会使顾客不清楚商品内容，不知道卖场的打折商品到底是什么。因此陈列甩卖商品的时候，也要注意商品的整齐感，整齐的陈列会给顾客带来整洁干净、井然有序的感觉，便于顾客明白商品内容。

⑤ 便于查看、选择

便于顾客查看、选择是商品陈列的基本条件。特别是在销售甩卖商品的时候，因为商品数量很多，所以摆放商品的时候，注意不要让顾客在选择商品上有压力，要以提高顾客购买率为前提陈列商品。在打造过程中应该多花些心思，为顾客营造一个便于查看、选择、比较的购物环境。

⑥ 有价值观

销售甩卖商品不是只要便宜就万事大吉了。商品的重点还在于传递本身的价值观以及流行性，让顾客感觉这些商品有购买的价值。并且，在商品的打造上，也要强调其一贯的独创性，通过商品理念吸引顾客。

提升甩卖商品自身魅力的要点

1. 有活力……………………在卖场打造、商品展示上多花心思
2. 有量感………………………………在视觉营销上多花心思
3. 有惊喜………………………在顾客的“获得感”上多花心思
4. 便于明白……………………在商品的整齐陈列方面多花心思
5. 便于查看、选择………………在打造购买环境方面多花心思
6. 有价值观……………………在传递商品理念方面多花心思

54 如何有效利用不规则的空白空间？

如果改变卖场布局和陈列，就会出现一些不规则的空白空间。那么，怎样有效利用这些不规则的空间呢？

在改变卖场布局和陈列的时候，经常会出现一些不规整的位置，或是一些让人感觉弃之可惜，却又不知该如何利用的空白空间。

这样的空间被称为"死亡空间（dead space）"。虽然"死亡空间"很难得到有效的利用，但我们不应该就这样放弃，而是要多想办法，多花费些时间和精力，思考活用这些空间的方法。

这样的"死亡空间"和无效果的陈列空间经常出现在什么位置呢？容易成为"死亡空间"的位置如 172 页图所示。

比较有代表性的是专柜的拐角处、陈列器具组合在一起时的衔接处、高度约为 180cm 的组合展示架的中间部位、展示架与展示架之间的空白空间、被展示器具遮挡住的背面部分等地方。

在商品的陈列中，由于销售不均带来的杂乱商品库存陈列、大体积商品背面的陈列、照明阴影里的陈列、过长陈列中的中间部分、单调无趣的陈列等都属于无效果的陈列空间。

那么，如何能够有效地活用这些空白空间呢？重点在于将原本不受注意的位置有意识地打造成引人注目的区域。这一点就是有效打造空白空间的秘诀。

① 作为显眼的 VP 空间进行活用。将空白空间打造成 VP 区域，通过 VP 展示商品，吸引顾客眼球，使空白空间得到有效的利用。

② 添加照明设备。通过照明设备的光线，打造明亮的感觉，使空白空间即使没有展示的商品，也很有氛围。

③ 作为常设展示进行活用。就是在该地方经常陈列一些商品，利用商品的魅力，吸引顾客注意，使顾客将目光移动到该处成为一种惯性。

④ 作为收纳空间进行活用。虽然收纳空间不能直接影响店铺的销售额，但如果把收纳空间打造成一个“缺少了这部分，就觉得很为难，不知道该怎么办了”的陈列场所，这个以前无用的空白区域就得到了有效利用。除此之外，也可以将空白区域打造成试衣间、柜台等来使用。

容易成为“死亡空间”的位置

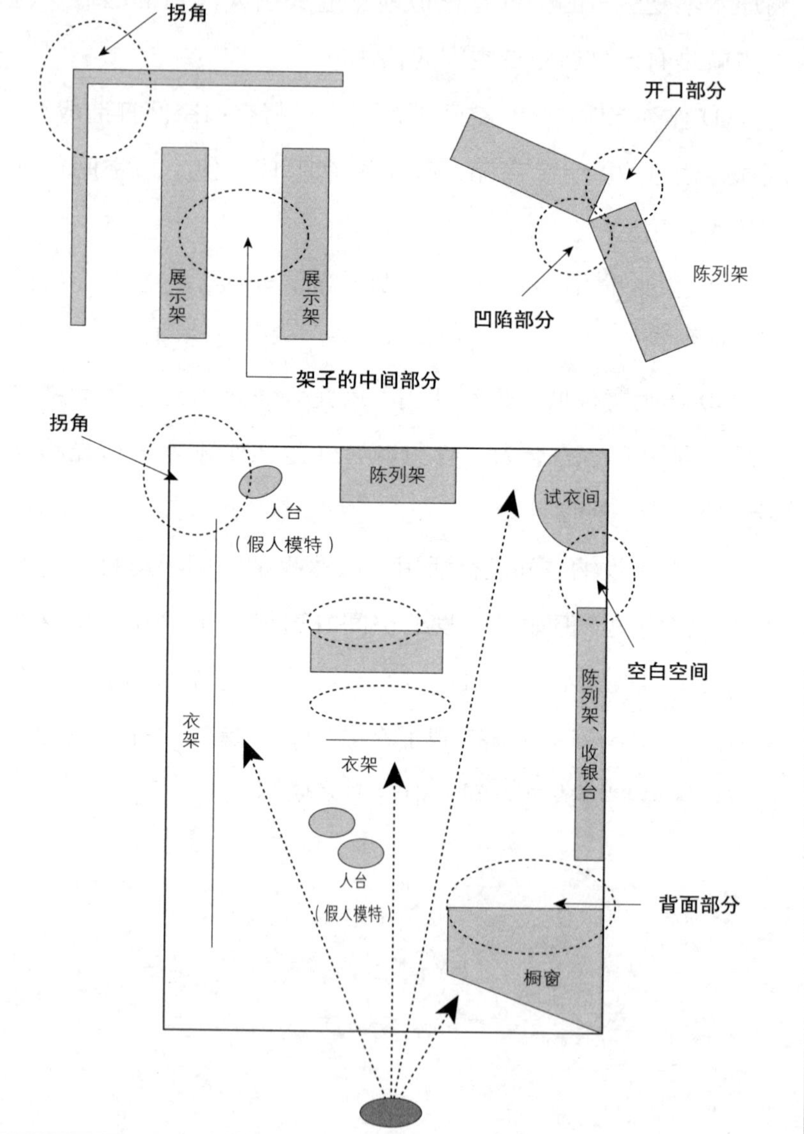

55 如何有效活用店铺橱窗?

店铺的橱窗展示很容易陷入千篇一律的状态。而且，太阳光线较强，感觉橱窗并不太适合展示商品，那么，有什么好的方法吗?

橱窗的用途是“将商品漂亮地展示出来”，让顾客驻足看到商品，提升卖场魅力，打造好的店铺形象。

橱窗的作用是通过让顾客看到商品，使顾客感受到商品的魅力，通过这样的方式，提高顾客对店铺的认知度。其实，顾客对店铺的认知度远远低于我们的想象，在日常的店铺打造中应该意识到这个问题。

对店铺的名字有了认知之后，店铺就有了存在感，再通过有魅力的橱窗展示，店铺的整体形象就提升了。店铺给顾客留下好的印象，就使得顾客有了“也想顺便进店好好看看”的想法。这样，顾客的进店频率增加，积极地影响着店铺的销售额。

其实，“魅力地”展示商品并不是将商品“漂亮地”呈现，对于顾客来说，商品的“魅力点”中有很多要素。

比如，新商品的魅力、价格的魅力、流行性的魅力是商品的魅力；在节日活动或是春夏秋冬中每个应季时期展现出来的生活提案也是商品魅力。通过组合搭配商品，将店铺的理念通过视觉营销的方式展示出来，传递整个卖场的形象。

在橱窗展示中，展示商品的时候需要制订计划表，将商品有计划地展出，这一点是非常重要的。

如果能够按照以下这些方面实施的话，就能够有效地防止橱窗展示陷入千篇一律的状态、预防阳光照射带来的困扰。

① 依照营业企划和销售计划制订计划表，有计划地展出商品。

② 定期更换陈列计划。比如，每两个月大幅度地更换一次。

③ 小幅度地替换商品或饰品小物件等。

④ 为了维持展出商品对顾客的吸引力，保持顾客的新鲜感，每日检查橱窗中的展出商品。

橱窗的活用方法

通过漂亮的装饰，打造店铺魅力，提升卖场形象

橱窗的用途

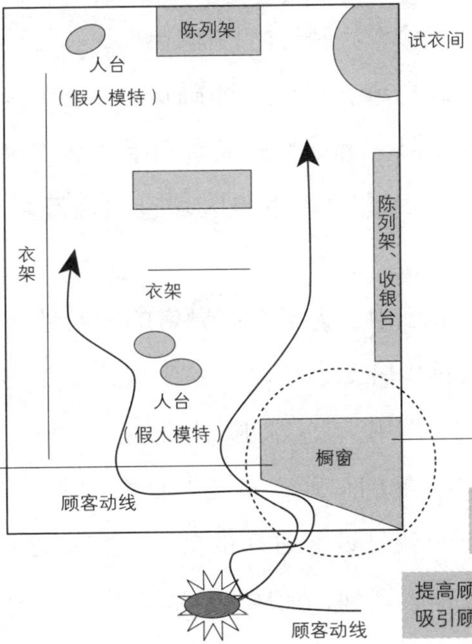

橱窗的作用

提高顾客的驻足率，吸引顾客进店消费

56 如何将顾客吸引到店铺的最里面？

因为卖场的宽度较窄，纵深较深，所以总是不能把顾客吸引到店铺的最里面。那么，有什么好的办法可以吸引顾客一直光顾到店铺的最里面吗？

这个问题经常被店铺提及，是个困扰大家的问题，也并非一朝一夕就能解决。一般来说，需要依照顾客的购物心理和购物行为，站在顾客的角度，在自家店铺亲身体验，实际地进行移动、检查，制订出具体计划。

比如，确定顾客动线，即确认顾客会在哪个地方驻足、哪里仔细看商品、哪里将商品拿到手中认真确认等，计划性地打造这些动线，并在重点区域设置商品展示，全面打造卖场。

在商品展示中，为了提高顾客的回游性，使顾客能有更多时间在店铺中驻足、移动，需要有计划性地设置 VP、PP，并明确各自的作用，有效地吸引顾客。

① 在店铺的门口处设置能够吸引顾客进店的魅力空间，这个魅力空间就是顾客进店的契机。打造这样的魅力区域，使顾客对店铺感兴趣，让顾客觉得店内一定有更有趣、更吸引人的商品。使顾客对店铺充满期待感就是吸引顾客能够进

店的要点。

② 设立店内指南和能够吸引顾客的 VP。这是吸引顾客进店的第一步，通过店内指南和 VP 的设置，提高顾客的回游性和驻足率，引导顾客向店铺深处移动。

③ 通过端架陈列中的 PP 设定吸引顾客在店内移动。端架陈列就是在陈列架的两端进行陈列，这种陈列架一般是组合型的，两端更容易让顾客看到，所以端架陈列可以吸引顾客查看非端架部分、顾客不容易看到的商品，提高顾客的回游性。

④ 设置能够吸引顾客在店内回游的 PP。通过设计 PP 吸引顾客，提高顾客的店内回游性，引导顾客向店铺最里面移动。

⑤⑦ 都属于通过端架陈列中的 PP 设置吸引顾客，提高顾客在店铺的回游性。

⑥⑧ 都属于通过设置 PP 吸引顾客向店铺最里面移动。特别是⑧，这样的设置使 Q54 中提到的“死亡空间”也得到有效的活用。

⑨ 设置能够吸引顾客移动到店铺最里面的 PP。因为要吸引顾客移动到店铺的最深处，所以此处的 VP 设计一定要有足够的视觉冲击力。

⑩ 在天花板周边位置安排射灯照明。通过射灯的光线，打造卖场氛围，提高顾客的回游性。

吸引顾客在店内回游的卖场打造模型

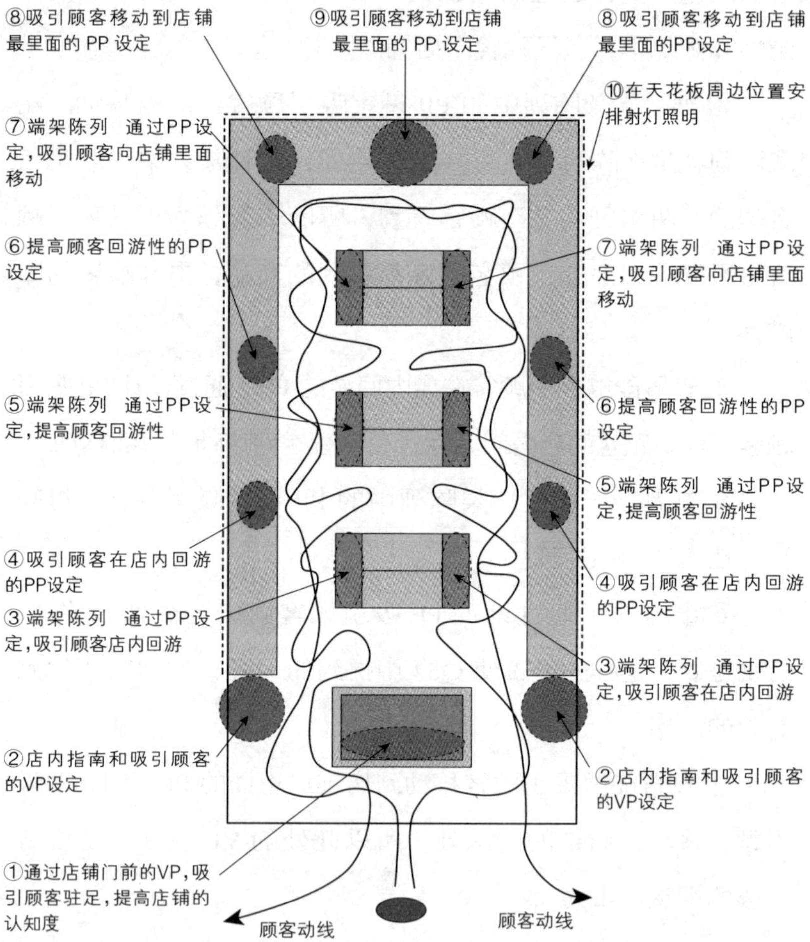

57 为什么总感觉店内不明亮？

店内总被人说有些暗。感觉不仅仅是照明的问题，请问还有哪些原因会导致这样的结果呢？

店铺给人带来明亮的感觉，还是昏暗的感觉，其中有各种各样的原因。

① **色彩控制**：在色彩中，商品的颜色和卖场环境的颜色都会影响整个卖场的明暗。

- 在颜色的把控上，要尽量多露出一些给人带来明亮感的色彩
- 要有意识地控制色彩的使用
- 根据季节的变化，选择与季节相符的颜色，打造主次

② **光线对比**：在设计照明的过程中，比起均一的照明，要尽量采用有变化的照明。

- 在采用基础照明的基础上，对于重点强调的商品，也要有突出式的照明

③ **有张弛**：如果卖场环境和商品陈列比较单调，整个卖场氛围就会给人带来昏暗的感觉。

- 如果商品的陈列有活力，卖场也会让人感觉生机勃勃，很明亮

• 如果展示商品的时候能够有张弛，突出重点，整个卖场就会让人感觉明亮，有冲击性，有活力

④ **整理整顿**：关于整理整顿已经在 Q24 中详细介绍过。其中整理就是分类商品，整顿就是将整理后的商品陈列展示出来。这里指通过商品分类整理商品，然后将商品陈列出来。

• 如果陈列的商品能够整齐有序，就会打造出“统一感”，让整个卖场显得很明亮

⑤ **整洁干净**：打造出整洁、干净的形象。

• 陈列出来的商品如果整齐、干净，卖场也会随之让人感觉很明亮

⑥ **正面陈列**：在陈列商品的时候，将商品的正面示人，吸引顾客，打造卖场的明亮感。

• 有意识、有计划地陈列商品，商品的正面要采用比较明亮的颜色

• 利用陈列架进行端架展示的时候，注意要经常变换，保持端架商品的多样性，使卖场充满活力

打造明亮店铺的 6 要素

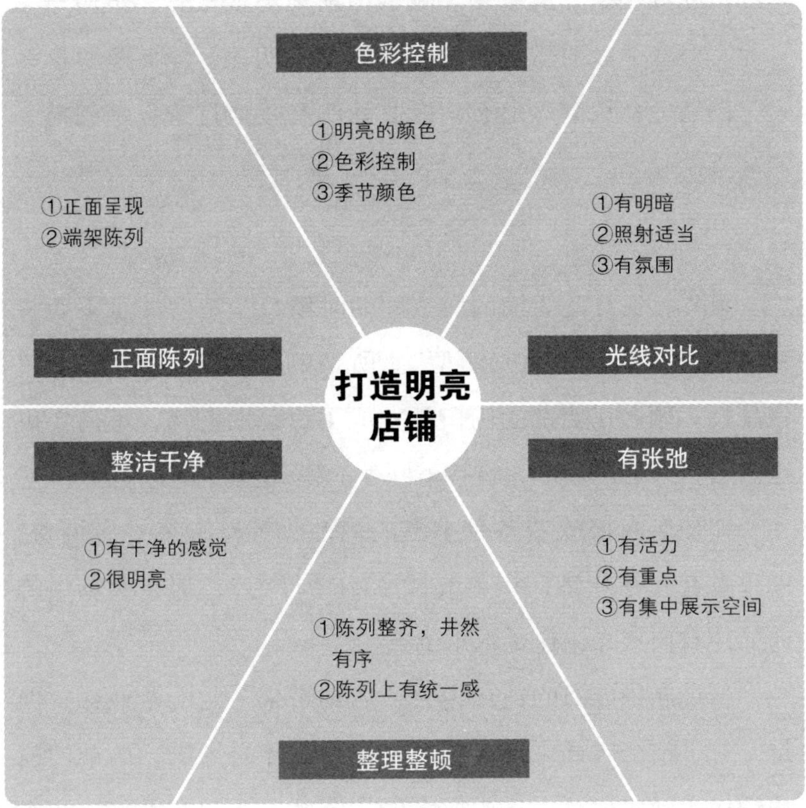
色彩控制
①明亮的颜色
②色彩控制
③季节颜色
①正面呈现
②端架陈列
正面陈列
①有明暗
②照射适当
③有氛围
光线对比
打造明亮店铺
整洁干净
①有干净的感觉
②很明亮
有张弛
①有活力
②有重点
③有集中展示空间
①陈列整齐，井然有序
②陈列上有统一感
整理整顿

58 如何有效地打造店铺门前的空间？

一直以来，虽然店铺的门前总是很杂乱，但对整体的营业额还是有贡献的。随着门前逐渐模式化，千篇一律，对营业额的积极效果就越来越不明显，如何解决这一问题迫在眉睫。那么，应该如何有效地打造店铺门前的空间呢？

首先，在打造店铺门前空间的时候，一定要注意不要将其打造成“店铺门面完结型”。所谓的“店铺门面完结型”就是指，顾客在店铺的门口就完成了自己的购物，不需要再进店看看其他的商品，直接就回家的模式。

即使店内摆放着各种丰富的商品，等待顾客进店消费，如果顾客“在店铺门口就完成了购物行为”，那么卖场中的商品还有何意义，这是本末倒置。

虽说店铺门前的销售也会给店铺带来一定的营业额，但是，对于整个店铺来说，店内的销售额才是关键。店铺门前的销售说到底只是为店内服务的。因此，在门前进行一些布局设置吸引顾客进店才是门面的主要作用。

那么，基于这一点，在设计店铺门前空间的时候，应该注意哪些问题呢？如下所示。

① 避开复杂的曲线路径。在店铺门前布局货架的时候，如果货架被摆放得乱七八糟，就会导致顾客难以进入店铺，形成“店铺门面完结型”，即在店铺门口购物后，就直接回家了。顾客这样的购物行为会直接影响到店铺的营业额，特别是在门前的动线中经常出现锯齿状的“Z”形路径，应该多加注意。

② 在店铺门前打造能够吸引顾客进店的通道。店铺门前也陈列货架并销售商品，但它的布局一定不能影响顾客进店，而且也要有意识地设置一些通道，吸引顾客进店。

③ 打造开放型入口。开放型入口能够给顾客带来轻松感和亲近感，让顾客很容易进入店铺。所以在入口的设计上，一定要避免闭塞的、封锁的，以及给顾客留下昏暗印象的布局。

④ 如果店铺的玻璃窗被 POP 或海报等遮挡，顾客就看不到店内的商品。这样会给顾客带来不安，使顾客对该店铺敬而远之，不想进店。

⑤ 店铺的玻璃窗被太阳光照射，形成“镜面状态”的话，店内的状况就完全看不见了，这样会抑制顾客的进店心情，使店铺失去潜在顾客。

店铺入口的改善重点

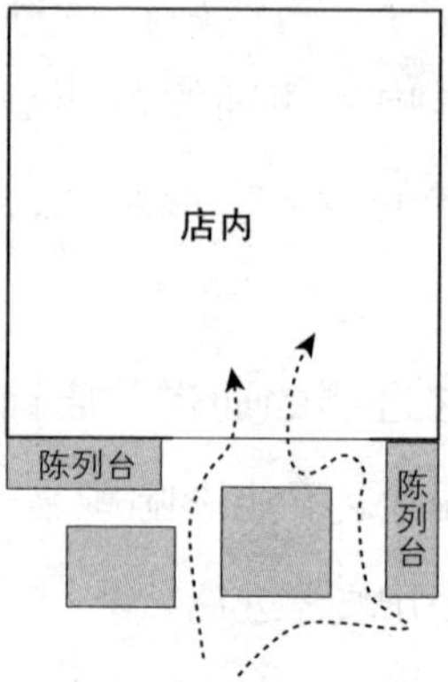

入口处尽量避开复杂的曲线动线

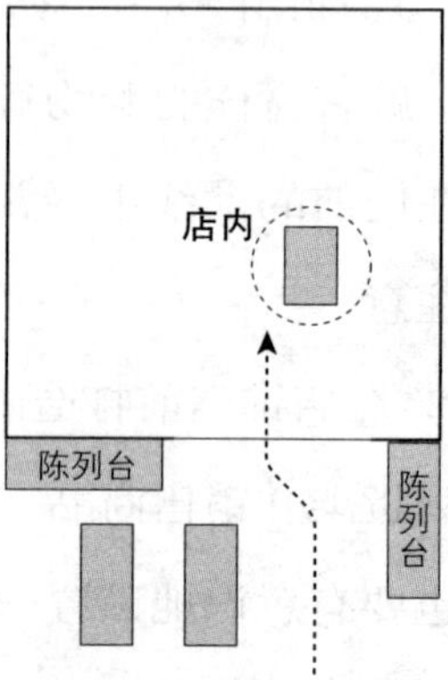

设置吸引顾客进店的通道
店铺门前的设计要让顾客有轻松感

打造开放型入口

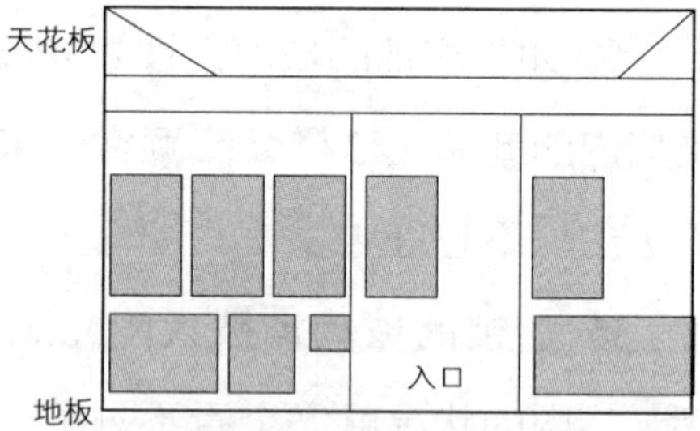

店铺门口和玻璃窗如果被 POP 等遮挡的话，就看不到店内商品，导致顾客失去进店的兴趣

第 8 章

利用工具提高卖场魅力！

有效活用打造卖场中关联要素的方法

在打造卖场的过程中有很多关联要素。为了使打造出来的卖场能够达到预计的效果，对这些要素一定要认真把握。

在本章所列举的方法中，有的方法虽然表面上看起来与商品展示没有直接关系，但实际上有非常重要的间接作用。

关联要素中包含一些专业内容。在打造卖场的时候，要充分理解这一点，并将其活用在商品展示中，打造出有魅力、有吸引力的卖场。

59 陈列商品时使用的主要用具和器具是什么？

陈列商品的时候会使用到一些用具和器具，主要有什么呢？

提到用具和器具，根据场合不同，用具或器具的基本类型也不相同。比如，办公室使用的用具和打造卖场时使用的用具就是不同的。除此之外，由于每家店铺不同，虽然都是打造卖场的时候使用，但使用方法上存在差异。关于用具和器具，每个人的理解可能有所不同，一般来说，用具（日语称为“什器”——编者注）指的是自身并不固定，可以自由移动，具有“可动性”，能够自由地展示商品的物件。器具指在展示商品时起到辅助作用的备用工具。

打造卖场和展示商品中使用的用具、器具，在商品展示和陈列中是至关重要的，是表现商品过程中必不可少的工具。另外，它在提高店铺形象和传递卖场理念方面也承担着重要的作用。

如果将用具和器具按照功能分类，比较有代表性的如下所示。

① 挂式功能

- 落地衣架

- 挂钩
- 挂衣杆

② **放置功能**

- 玻璃展示柜
- 可组合的展示架（利用隔断区分层次的展示架，既有单面的，也有双面的）
- 盒子式多层货架
- 桌子
- 可移动的“展示车”

③ **完善卖场环境以及销售补助器具**

- 屏风
- 工具箱
- 柜台（销售用，收银用）
- 试衣间
- 穿衣镜（包括落地穿衣镜和摆放在桌子上的小镜子）

陈列用具、器具、假人模特的种类

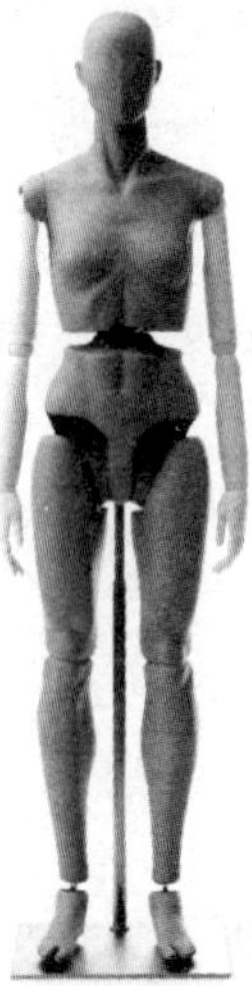

假人模特

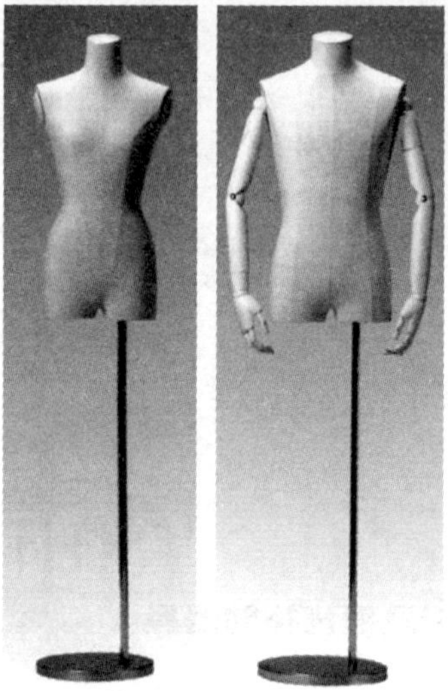

人台

梯形展示台

盒子树

陈列架

桌子

60 如何有效利用用具和器具陈列商品？

可能是用具和器具的使用方法不太正确吧，总感觉陈列的商品看起来不太美观。那么，在陈列的过程中应该怎样使用陈列工具呢，需要注意些什么呢？

陈列商品时用到的用具和器具主要是为了将商品展示给顾客，让顾客看到商品，对商品感兴趣。因此，商品的陈列工具不能比商品更引人注目，我们在商品陈列中使用到的器具和用具应该以突出商品为基础，器具和用具只是辅助的工具，记住这一点很重要。另外，如果需要选择有设计感的器具或用具，该设计就一定要与商品理念保持一致，这样才有 1+1>2 的效果。

在选择使用陈列工具的时候，为了能够传递商品价值，达到使用效果，需要注意以下几点。

① 使用与商品理念相吻合的陈列工具。

② 同一个商品群使用统一的陈列工具。

③ 在使用陈列工具陈列商品的时候，注意要使用适合商品大小的器具，而且要适量使用，保持商品与陈列工具之间的平衡。

④ 不要选择有污垢和破损的陈列工具。

⑤ 陈列用具自身要有清洁感、新鲜感。

基于以上几点，在下页图中例举了几个最基本的商品陈列模式。

像前面所叙述的那样，陈列模式中最具代表性的就是放置型陈列、挂式陈列，在这些陈列中需要注意以下几点。

① 将商品挂在落地衣架上陈列。注意陈列间隔要平均。

② 将商品挂在挂杆上陈列。陈列的时候要采用“向前补充”陈列法。也就是前面的商品销售出去后，将后面的商品及时补充上来，防止陈列上出现空白空间。

③ 货架陈列。货架陈列中，也要采用“向前补充”的方法，将比较有量感，堆得有高度的商品放在前面，打造陈列商品的立体感。

④ 用货架陈列商品的时候，商品的高度要控制在货架间隔高度的 1/2 处，并保持商品高度处在同一水平线上。

⑤ 利用封闭式陈列柜陈列商品的时候，注意上面的商品要“小、轻、淡、彩”，下面的商品要“大、重、浓、浊”。

商品陈列中器具使用模式

挂在落地衣架上的陈列

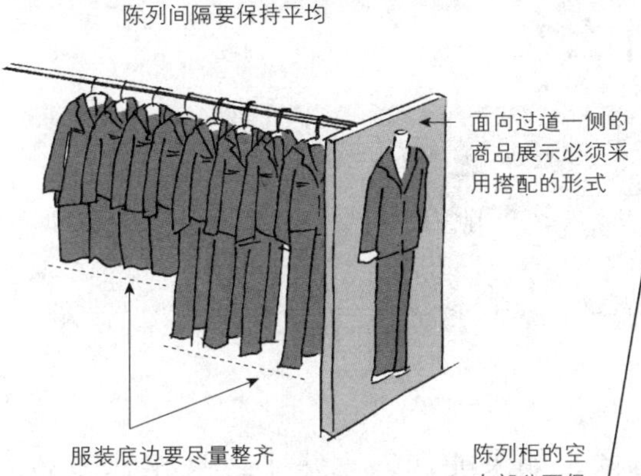

挂在挂杆上的陈列

货架陈列 1

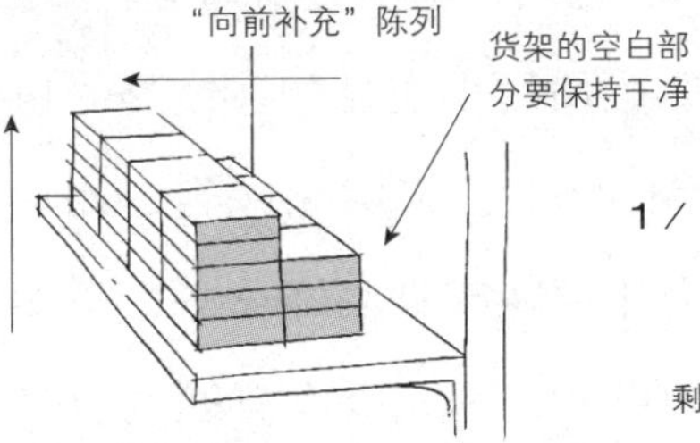

封闭式陈列柜陈列

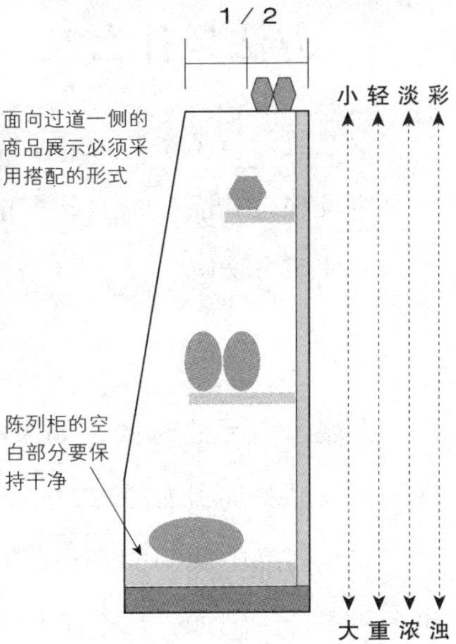

货架陈列 2

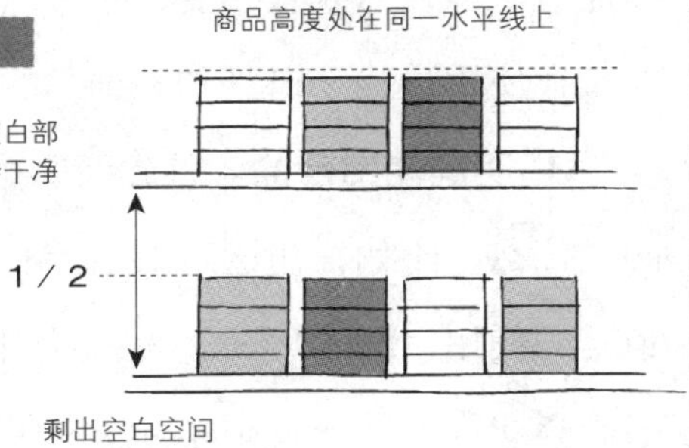

61 在展示商品季节性、促销活动中使用的小道具和装饰品的种类及使用方法是什么？

在展示商品季节性和促销活动中，经常会用到一些小道具和装饰品。那么，您能介绍一下它们的种类和有效的使用方法吗？

在展示商品的时候，如果能加入一些小道具和装饰品，就能使商品更加引人注意，充满魅力，吸引顾客驻足。

展示商品中使用的小道具和装饰品根据厂家不同，种类也多种多样。比如，与季节相关的展示品、与促销活动相关的小道具、与商品陈列相关的器具等。

194 页图中列举一部分小道具和装饰品。除了列举的这些还有很多，如果有必要，您可以在网络上进行检索查找。

在使用这些小道具和装饰品的时候，基本原则如下。

① **明确使用目的**：首先要明确使用小道具和装饰品的目的是什么。比如，想通过装饰品的哪几点来吸引顾客。如果道具的使用目的不明确，就只会让顾客感觉装饰过多，虽然很漂亮、很炫目，吸引了顾客的目光，却完全没有通过自身特点突出商品，喧宾夺主，失去了使用道具的意义。

② **明确主力商品**：小道具和装饰品说到底就是辅助展示商品的，在商品的展示中扮演着补助角色。因此，在使用小道具和装饰品的时候，要明确主力商品，其后再决定使用什么样的道具。

③ **集中使用**：如果小道具和装饰品被分散使用，商品的魅力点就会不集中，比较松散，整体缺乏平衡感，给顾客留下杂乱的感觉。所以在陈列小道具和装饰品的时候，应该尽量集中使用，这样的打造方式比较有效果。

④ **结合主题使用**：在选择小道具和装饰品的时候，不要因为“哇，好漂亮啊！”“好喜欢啊！”这样的心情就使用一些与打造效果、诉求主题无关的小道具。要结合卖场主题，使用能够突出商品魅力的道具。

⑤ **使用前要考虑周全**：使用小道具和装饰品的时候，一定要避免“拿来主义”，避免不假思索地照原样使用，要结合店铺的特色，使用前多花些时间和精力考虑周全。这样才能使选择的小道具和装饰品符合店铺理念、商品特征，提高商品和整个卖场的魅力。

小道具和装饰品的种类

收纳盒

立式木制陈列架

可移动展示车

筐

篮球色子

木桶

画架

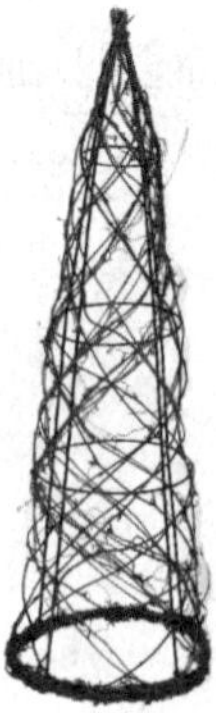
圆锥式装饰

花瓶

62 展示商品时添加季节性装饰的实例

展示商品的时候，我想导入一些季节性元素增强店铺的活力，您能通过具体案例介绍一下吗?

除了一些高价商品、自身带有特色的商品和购买频率高的商品，对于缺乏季节感的商品和一般商品而言，在陈列的时候添加季节性元素可以提高商品展示效果，唤起顾客的购物欲望。特别是没有季节感的商品，如果一年四季都采用相同的形式陈列商品，顾客总是看到同一种商品内容，一定会感觉无聊无趣，导致卖场失去魅力，流失顾客。

添加季节性的装饰后就可以“季节推广”的方式销售商品。所谓的季节推广就是在每个季节挑选一些需求度高的商品，然后根据此时人们的生活方式设定主题，利用视觉营销的方式，在卖场中实时呈现出来。实施这样的“季节推广”以后，卖场就会变得有活力、有魅力，使顾客对卖场感兴趣，发掘潜在顾客。

另外，在刚刚换季或是应季商品宣传活动中，有时也会采用大量陈列的方法，通过这种方式更强调主力商品，发掘顾客的潜在需求。在这种情况下，也要注意以突出商品特征为基本原则展开。

以前，展示季节性商品，主要集中在一年当中的两个时期。第一个时期是夏天的中元节，中元节时几乎所有的商场都会推出促销活动，我们称之为“中元商战”；另一个是年末的圣诞节，各大商场都会纷纷推出大力度的打折促销活动。但是，现在情况有些改变，一年当中的季节促销活动逐渐趋于平均，比如，每个季节中需求高的商品、与节日或生活习惯相关联的商品、作为私人礼品推出的商品等，都会每隔一段时间就推出新活动，进行季节性商品展示。

在打造季节性商品展示的时候，最有效的办法就是将商品统一在一个主题下。这里的主题指的是生活方式。从生活方式中选择出该季节特有的活动或生活中的某个小场景，并以此为基础搭配商品，通过视觉的方式展现出来。

下页照片中的店铺就是季节性商品展示的实例。

季节性商品展示的实例

梅雨季节时期，将巨大背景布上打造出来的蜗牛作为主题。服装店通过出人意料的设计，吸引顾客目光

呈现了满是红叶的秋天公园一角。墙面、橱窗里面的白桦树和红叶，使顾客有季节感

以圣诞树为模型打造的展示台。展出的商品以礼品为中心。使用与季节相关的陈列道具，既可以展示商品，又有销售功能

63 店铺陈列中色彩选择的基础是什么？

在商品陈列中会用到很多颜色，那么，在卖场中使用颜色的时候，应该遵循怎样的色彩原则呢？

“在卖场和商品陈列中使用颜色”就是指将卖场环境和商品颜色相结合，打造出预想的效果。

“有效地使用颜色”是从有意识地使用颜色开始的。通过有意识地使用颜色，对颜色的兴趣越来越高涨，于是花费时间和精力多加研究，逐渐掌握有效的颜色使用方法。我们在日常生活中会接触到无数的颜色，但只有当你开始有意识地对待颜色，才会慢慢发现它们之间的不同。在打造卖场的时候，有意识地使用颜色才可能创造出新的效果，这是一切的出发点。

颜色不同，带给人的印象就不同，要灵活地使用这些差异，打造不同的效果。

下面，我们来看看颜色的基本印象。赤、橙、黄、绿等有色调的颜色称为“有彩色”，有彩色以外的白、灰、黑这种无色调的称为“无彩色”。

有彩色和无彩色分别给人带来不同的印象，如 200 页图所示。

颜色可以带给人不同的“温度印象”。让人感觉到温暖的称之为“暖色”，比如赤、橙、黄都属于暖色；反之，像蓝色这种让人感觉到寒冷的颜色称之为“冷色”。根据它们带给人的不同感觉，在展示商品季节性的时候可以多加使用。在暖色和冷色之间，还有例如绿色、紫色这样的“中性色”。将这些颜色组合搭配在一起，灵活使用，就能产生独特的效果，给人留下深刻的印象。

在陈列商品的时候，无论是悬挂陈列、放置型陈列还是普通的挂式陈列，正面陈列的商品一定要采用明亮的、清晰的、有季节感的颜色，这样才会使整个陈列空间都有明亮感，吸引顾客驻足。

商品陈列中的色彩使用

色彩的象征意义

色调		颜色	象征意义
前进、膨胀	暖色	赤	活跃、热情、危险、兴奋
		橙	开朗、朝气、愉悦、健康
		黄	活力、明快、健康、希望
暧昧、后退	中性色	绿	和平、新鲜、安全、庄严
		紫	高贵、优雅、神秘、不安
收缩	冷色	蓝	知性、沉静、清纯、凉爽
无机物 硬 无表情	无彩色	白	干净、纯粹、洁白、明快
		灰	忧郁、冷静、不安、中立
		黑	威严、悲哀、迟钝、强大

出自《有趣就畅销！商品陈列的99法则》

商品陈列中的颜色基础

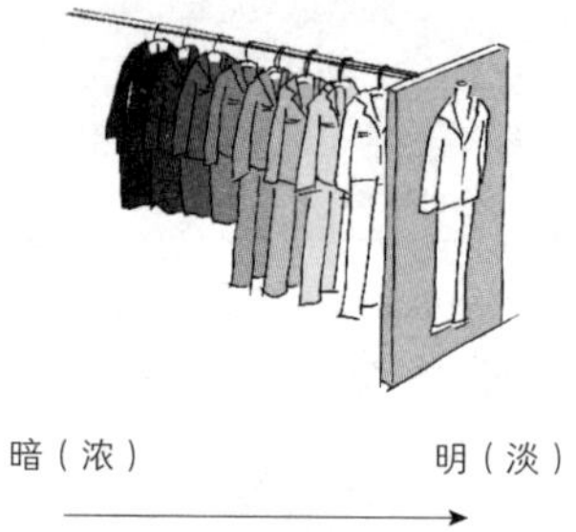

明（淡）→暗（浓）

放置型陈列中的明暗陈列

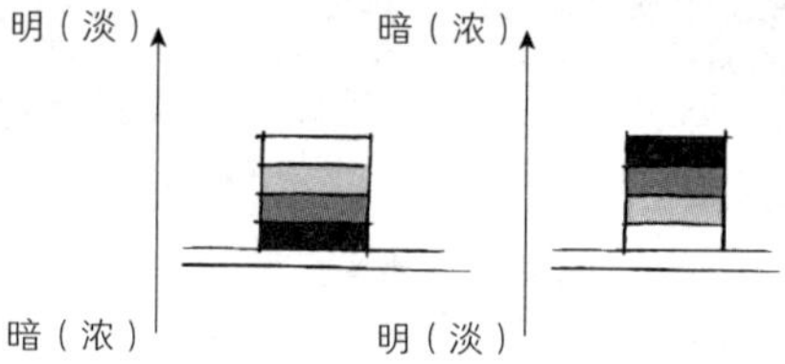

货架陈列的颜色基础

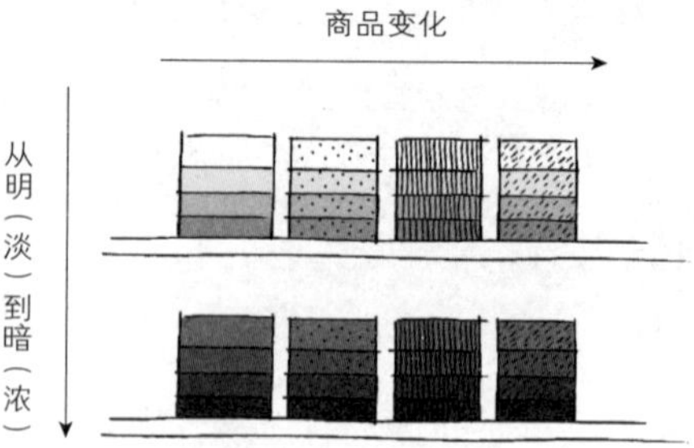

64 如何通过调配颜色打造卖场形象？

如果卖场中颜色过多，胡乱搭配，就会让人感觉整个卖场都很混乱。那么，如果想打造出一个舒服协调的卖场，应该采用什么方法呢？

卖场中充满着各种颜色，比如卖场环境的颜色、POP 或海报的颜色等。将这些颜色有效地调配起来，就能打造卖场形象，给顾客留下深刻的印象。

调配颜色就是有意识地调控颜色。也就是说，根据要打造出的卖场形象，有目的地把控颜色。通过调控颜色来打造卖场印象主要有以下几个比较有代表性的模式。

① 通过色彩对照打造形象

对照就是对比的意思，所谓的色彩对照就是将不同颜色比较起来。203 页图中列举了 2 个分别通过明暗、大小比较凸显自身形象的例子。通过对照将彼此清晰地区分开，便于顾客了解。

② 通过色彩面积比打造形象

在陈列的商品中，如果增加某种颜色占有的比例，这种特定颜色的面积就会扩大，顾客就自然而然地意识到该颜色的存在。当然，色彩面积扩大的颜色吸引顾客的能力也增强，能够比以前更吸引顾客的目光，一般用来突出主力商品。

③ 通过色彩组合打造形象

以彩虹的 7 种颜色，即赤、橙、黄、绿、青、蓝、紫为基准，将色彩以相近色、相对色的形式组合在一起，打造不同的卖场形象。

④ 通过色彩鲜明度打造形象

色彩按照鲜明度划分，大致上可以分为鲜艳色、暗淡色和浓重色。根据它们的鲜艳程度不同调配陈列商品，打造协调的卖场形象。这样的方法多用于商品的正面陈列。

⑤ 通过色彩色调打造形象

淡色与浓色、柔和的颜色与冲击力强的颜色等，通过色彩色调的差异调控颜色打造卖场形象也是其中比较常用的方法。

通过调配颜色打造卖场形象的方法

通过色彩对照打造形象

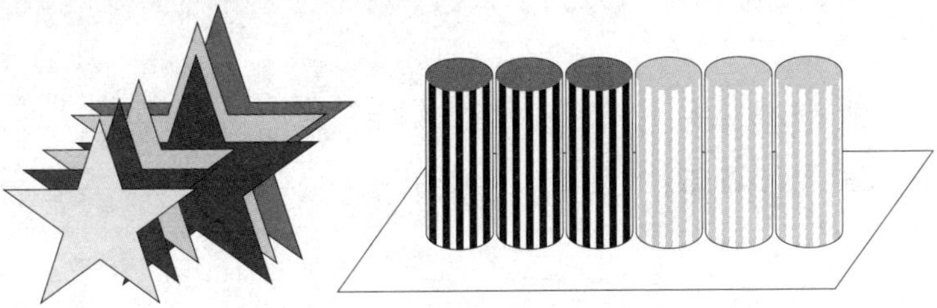

相同大小、不同颜色的对照，相同颜色、不同大小的对照，无论哪一种都能突出活泼、跳跃的形象

通过色彩面积比打造形象

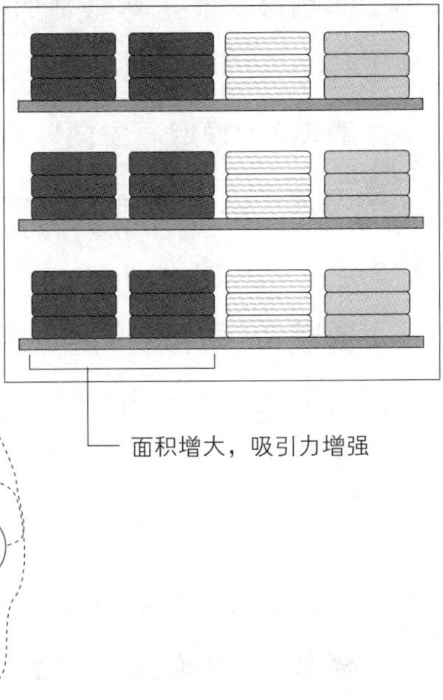

通过色彩组合打造形象

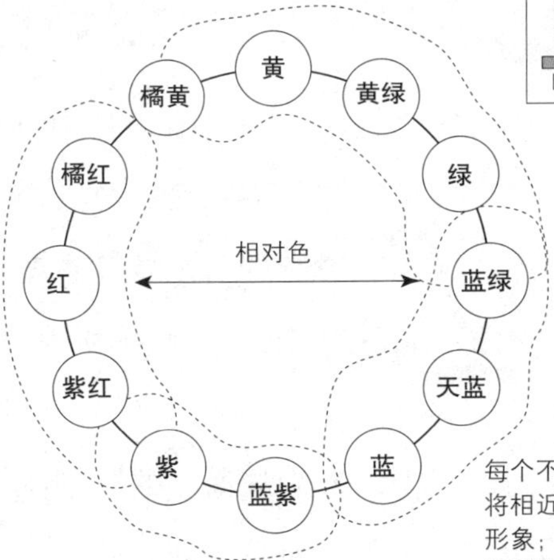

每个不同的色彩组打造出来的形象是不同的。将相近色组合在一起，会打造出“雅致”的形象；将相对色组合在一起，可以打造出“活泼”的形象

65 在商品陈列中应该如何使用颜色？注意事项是什么？

在陈列商品的时候，如何才能把颜色打造得协调漂亮，需要注意些什么呢？

只有在商品颜色调配得比较平衡的时候，陈列商品呈现出来的颜色才能让人感到很漂亮。因此，建立系统，有意识地把控颜色是展示商品过程中传达商品理念的重点。

要点1：确定“主角”颜色

确定“主角”颜色是什么。“主角”颜色确定了，搭配的颜色才能决定下来。

要点2：确定“配角”颜色

为了突出“主角”颜色，衬托“主角”的“配角”颜色很重要。“配角”颜色就是用来与“主角”颜色搭配，打造商品及卖场整体形象的。在选择“配角”颜色的时候要注意整体的颜色平衡，特别是与“主角”颜色的搭配。

要点3：考虑基础颜色

基础颜色就是商品在陈列过程中，人们从商品的陈列状态中所感受到的颜色带来的印象。比如，商品陈列在蓝色的货架上，那么基础颜色就是蓝色。在商品陈列以及正面陈列中，陈列中的基础颜色是什么直接影响着陈列效果和给顾客带来的商品印象。

要点 4：检查卖场环境

顾客在商场选购商品的时候，不是只看陈列商品部分。陈列商品的货架等器具的颜色以及卖场的其他颜色也一并进入顾客的视野。从这些环境中感受到的颜色带来的印象直接影响着“主角”商品的形象，所以在陈列商品的时候，也要同时注意检查卖场环境。

要点 5：确定焦点颜色

确定焦点颜色，也就是确定最能吸引顾客的颜色。如果“主角”颜色中存在多种颜色，那么需要确定中心色。

要点 6：确定主题颜色

在通过 VP 或 PP 等提案型方式展示商品的时候，要确定主题颜色，以主题颜色为核心打造商品。

要点 7：检查整体的色彩平衡

检查整体色彩是否有协调性、平衡感。

商品陈列中颜色的使用以及注意要点

要点 1 确定“主角”颜色

例 因为主力推出的商品是蓝色的 T 恤衫，所以“主角”颜色是蓝色。

要点 2 确定“配角”颜色

例 “配角”颜色是陈列在旁边的白色 T 恤衫。

要点 3 考虑基础颜色

例 陈列 T 恤衫的陈列架是什么颜色？

要点 4 检查卖场环境

例 T 恤衫卖场的其他商品是什么颜色？

要点 5 确定焦点颜色

例 “主角”颜色的面积扩大到什么程度？

要点 6 确定主题颜色

例 确定 VP 和 PP 中的主题颜色。

要点 7 检查整体的色彩平衡

例 陈列商品整体的颜色平衡。
“蓝色”是主色调，“白色”是辅助颜色，周围是“淡黄色”“淡绿色”，色彩搭配完美！

66 店铺门前照明的基本照射方法以及注意事项是什么?

打造店铺的时候，店铺门前的照明无论是在提升店铺整体形象，还是提高顾客认知度方面都有很大作用。那么，您能介绍一下基本的照射方法以及需要注意哪些问题吗?

店铺照明主要分为 3 个部分：店内照明、商品展示照明和店铺门前照明。

店内照明是整个店铺的基本照明，通过照明使店铺保持一定的亮度，确保顾客在店铺移动时的安全性。VP 和 PP 这种商品展示中的照明主要是通过照射强调商品，吸引顾客目光，将顾客的视线聚集在展示的商品上，通过强调的手法传递商品特征和商品魅力，使卖场有主次，有张弛，富有节奏的美感。

店铺门前的照射不仅能引导顾客进店，还肩负着打造店铺形象的任务。

① 橱窗展示照明

橱窗中展示的商品一定是店铺重点推出的主力商品，它代表着店铺的形象，传达着店铺的理念。正因为这样，在橱窗展示中使用照明的时候，照明器材的选择、照明的形式以及最终照明的效果都是非常重要的，展示的商品与照明要融为一体，形成协调的空间。店铺门前照明在提升店铺认知度、提高橱窗前顾客驻足率以及吸引顾客进店等方面起到重要的作用，因此照明对于店铺来说是万万不可缺少的。

② 迎宾照明

迎宾照明就是店铺门前紧靠入口处的小部分区域的照明。使用迎宾照明可以使店铺明亮、有活力，提高顾客好感度。在照明中也可以添加一些富有变化性的元素提高门前吸引力，比如带有色彩的照明、星星形状的照明等。通过门前丰富的变化，吸引顾客进店。

③ 入口照明

入口照明的基础是让顾客感到明亮。入口不仅属于店铺门前，因为它是引导顾客进店的主要通道，所以入口照明也肩负着吸引顾客进店的作用。因此，在设计入口照明的时候，一定要认真考虑如何才能让顾客安心进店，只有这样才能使商品销售不输在起跑线上。

④ 店铺名牌照明

店铺名牌上的内容属于店铺的重要信息，比如名字、地址等，因此店铺名牌的标记一定要清晰明了。另外，名牌的设计不同，带给人的感觉就不同，它直接影响着店铺的形象。在使用店铺名牌照明的时候，注意要将名牌的设计与照明融为一体，使店铺形象更加突出。

照明基础

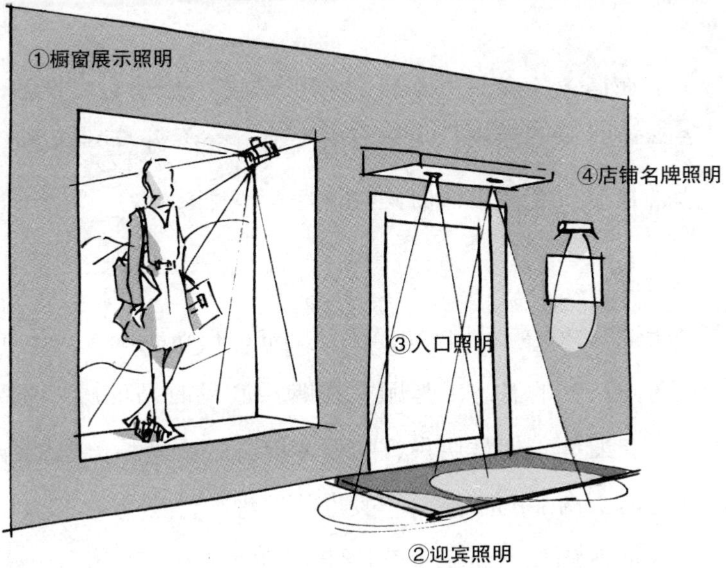

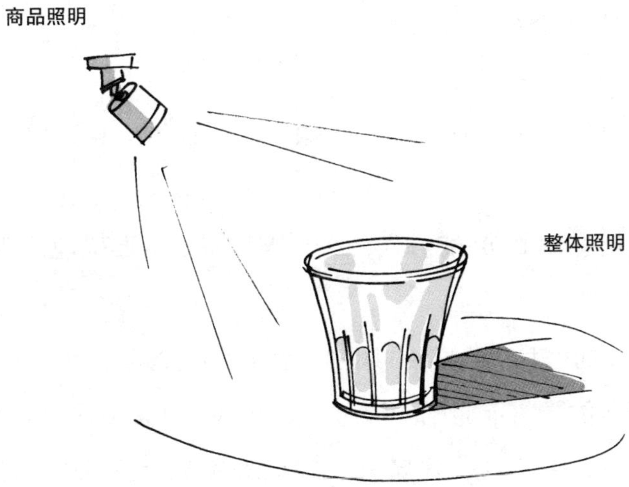

67 如何提高 POP 的使用效果？

在销售的商品上添加了 POP 广告，但感觉完全没有发挥出效果。那么，怎样才能提高 POP 的使用效果呢？也就是说，在使用的时候应该注意些什么呢？

所谓的 POP 就是 POP 广告（Point of purchase advertising），购物时点广告的意思。是顾客在购买商品时帮助顾客做判断的广告。发挥着代替店员，向顾客传达必要商品信息的作用。顾客在购买商品的时候，一般也就是想知道：

- 准备购买的商品里面是什么样的
- 商品的价格
- 商品的相关信息
- 来自店铺的其他信息（比如，商品打折信息、促销活动等）

这些信息使 POP 能够代替工作人员将信息准确地传达给顾客。

使用 POP 时需要注意的是避免 POP 的泛滥。POP 的主旨是向顾客传递店铺的相关信息，如果使用过多或内容过多，就会给顾客带来困扰，让顾客觉得到处充满“杂音”，异常烦躁，非常混乱。

因此，为了提高 POP 的使用效果，需要注意以下几点。

① **添置在适当场所**：将 POP 添置在合适的位置上，便于顾客查看。

② **保持数量适中**：调整 POP 的使用数量，控制在必须使用的最低限度，制订使用规则，不能随意粘贴。

③ **准确的表现形式**：POP 中不能出现错字漏字现象，语言的表达要有礼貌。

④ **贴切地添附**：POP 的内容要与商品相符，对于有必要的商品一定要附加 POP。

⑤ **适时地使用**：适时地使用 POP，注意 POP 的使用有限时性，即只在一定的期间内使用。

⑥ **合适的大小**：POP 的大小要与商品的大小保持协调，在 POP 大小的设计上要制订统一规则。

⑦ **设计上吸引顾客**：在 POP 的设计上多花心思，力求能够吸引顾客，并让顾客一看 POP 就明白宣传内容。

提高 POP 使用效果的 7 个要点

- 要点 1 添置在适当场所
- 要点 2 保持数量适中
- 要点 3 准确的表现形式
- 要点 4 贴切地添附
- 要点 5 适时地使用
- 要点 6 合适的大小
- 要点 7 设计上吸引顾客

68 POP 的实际使用案例

在商品陈列中经常会使用到 POP，那么，您能列举一些具体的案例吗？我想知道其他店铺是怎么做的，想多看看，多学学。

在街上的店铺中，即使陈列同一种商品，由于陈列的方式和添附的 POP 不同，有的商品很吸引顾客，有的商品则完全被顾客忽略。

那么，为什么会产生这样的差异呢？让我们来看看下面的案例。

照片①：与促销活动融为一体的 POP

照片①是店铺大型促销活动中特别开设的对象商品专柜。为了让顾客了解这些商品，店铺在展示商品的同时增添了能够与促销活动融为一体的 POP 广告，这样既吸引了顾客的注意，又使整个专柜协调统一，通过 POP 的添附达到增加卖场营业额的目的。

照片②：超市商品捆包箱式 POP

照片②是超市的一角，在商品的宣传形式上没有采用传统的 POP，而是将商品运输时用到的捆包箱直接作为 POP 使用，代替传统的 POP 发挥宣传商品的作用。箱子的外包装上无论显示的是知名品牌（National Brand），还是自有品牌（Private Brand），只要是被顾客熟知的品牌，这种陈列方式就能够达到预期的效果。只是采用这种陈列的时候，容易摆放得比较杂乱，这一点应该多加注意。

照片③：端架陈列中的 POP

端架陈列中的 POP 是宣传商品中不可缺少的。照片③是利用 POP 宣传卖场园艺商品的场景。花盆、花瓶等容器，以及园艺照片的摆放，使顾客有一种鲜花盛开的感觉。

照片④：落地衣架上方写真海报式 POP

照片④采用的 POP 属于写真海报式 POP，它悬挂在落地衣架的上方，不仅增添了卖场气氛，顾客还可以通过海报中模特的穿着了解商品。写真海报式 POP 悬挂的位置以及尺寸，使顾客即便在卖场的远处也能够清晰地看见，这对于宣传卖场整体形象以及吸引顾客光顾卖场等方面都有着积极的作用。店铺可以通过这种写真海报式 POP 展示商品特征及商品风格，唤起顾客的购买欲望，提高店铺整体营业额。

POP 的使用案例

①与促销活动融为一体的 POP

②超市商品捆包箱式 POP 代替传统 POP 发挥作用

③端架陈列中的 POP 在吸引顾客方面发挥着重要的作用。该照片是利用 POP 宣传卖场园艺商品的场景

④通过写真海报式 POP 展示商品特征及商品风格，唤起顾客的购买欲望

第 9 章

知晓优点和缺点！

对比陈列的方法

卖场商品陈列数量较多的时候，有好的一面，也有不好的一面。同样，陈列数量较少的时候，也同时存在优势和劣势。

在陈列方面也是一样，整齐地陈列商品有好的一面，也存在不好的一面。反之，看似不整齐的变化式陈列也是同样道理。

像这样，展示商品的时候有对比陈列。比如，数量的对比、形状的对比以及面积的对比都属于这一类。

如果能正确地把握各自陈列中有效果的一面和没有效果的一面来展示商品，就一定能打造出一个有主有次、有张弛、有活力、有魅力的卖场。

69 大量陈列与少量陈列的区别是什么？

商品数量多的陈列和商品数量少的陈列在陈列效果、吸引顾客的魅力点上有哪些不同点呢？

商品数量的“多”与“少”对卖场形象有很大影响。并不是说好印象或坏印象，而是它代表了不同的店铺方针。

对商品进行大量的陈列的时候，为了提高商品的便于选择性、易于购买性，注意要完善“卖场环境”。

将商品少量地进行陈列的时候，注意卖场空间与商品陈列之间的平衡感、协调性，以打造商品形象为核心陈列商品。

① **商品数量多的时候**：商品数量多的“大量陈列”属于充满丰富感的陈列，它能给顾客留下“有活力”的印象。因为陈列的数量较多，所以顾客可以自由选择、随意挑选。这样的陈列形式给顾客带来一种购物过程很轻松、商品价格很适中的感觉。

但是，商品的陈列数量过多会导致顾客很难看到、找到自己所需的商品。库存过多也很容易使商品成为滞销品，形成库存积压，影响卖场资金周转；过多的商品还会给顾客带来廉价感。在陈列的过程中，一定要注意避免商品陈列杂乱无序，带来过多的负面影响。

② **商品数量少的时候**：因为商品数量少，所以可以利用一些特别的方式展示商品，使商品带给顾客不同于以往的感觉，通过这样的方式吸引顾客。另外，由于陈列数量少，商品很便于分类展示，整个卖场也让顾客感觉井然有序。

因为可以有时间、有精力对每一件商品进行陈列，所以哪些是核心商品，哪些是辅助商品，根据店铺的精心陈列，顾客可以一目了然，商品的陈列方式也有主次。

但是，商品的陈列数量过少可能导致卖场失去活力，缺乏冲击力。另外，从被限定的少量范围中选择商品，可能导致顾客无法进行商品比较，这样会影响到商品的销售额。

在商品数量少的陈列中，要注意陈列形式的单一化，并尽量避免由于人气商品的库存不足带来的销售损失。

大量陈列与少量陈列

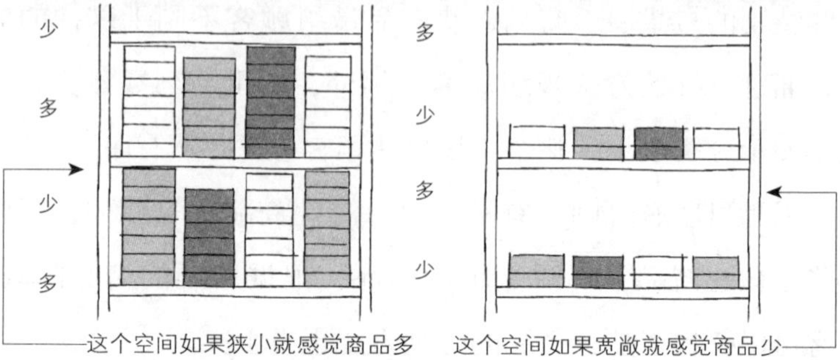

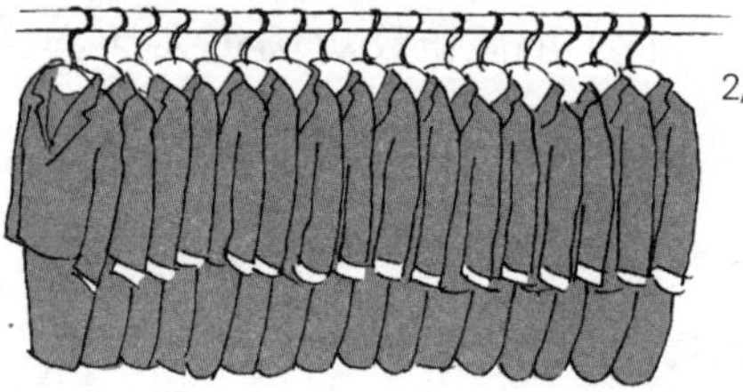

2/3 以上的陈列量让人感觉商品较多

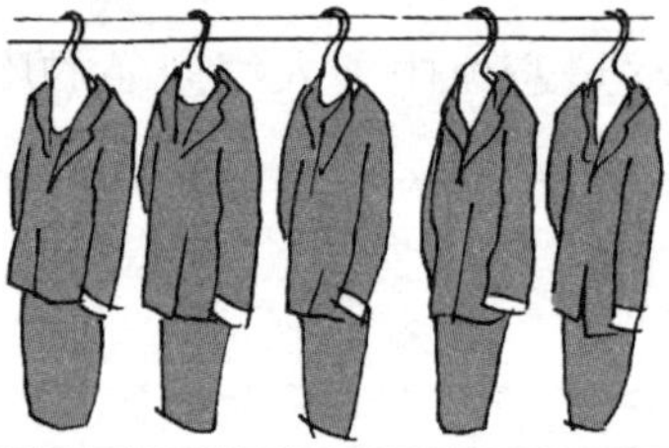

1/3 以下的陈列量让人感觉商品较少

	大量陈列	少量陈列
○	有活力	不同于以往的特别形象
	充满丰富感	易于分类展示
	自由选择	精心陈列
	有轻松感	重点明确
×	杂乱感	缺乏活力
	廉价感	无法比较购买
	容易成为滞销品	缺少变化
	难看到、难找到	容易错失销售机会

70 长型陈列与短型陈列的区别是什么?

陈列商品的时候，有时将商品陈列得很长，我们称之为“长型陈列”；有时将商品陈列得很短，我们称之为“短型陈列”。那么，长型陈列和短型陈列在陈列效果、吸引顾客的魅力点上有哪些不同点呢?

陈列的长短在很大程度上取决于陈列器具。

比如，陈列服装时如果采用的是固定式落地衣架，那么它基本属于长型陈列；如果选择可移动式的落地衣架，那么就属于短型陈列。

在杂货等的放置型陈列中有固定式组合陈列架，也有移动式组合陈列架，可以进行长型陈列，也可以进行短型陈列。根据卖场实际情况和具体要求，可以任意选择。

在货架类陈列中，一些商品是利用墙面陈列完成的，一些商品利用的是搁板式陈列架。搁板式陈列架基本上都是可移动式的，如果将搁板式陈列架连接在一起，就可以打造长短自由收缩的陈列形式了。

① **长型陈列**：长型陈列容易打造出商品的量感，而且可以将商品系列性地展出，使展出的商品带有连续性，让顾客感觉到商品种类多样。长型陈列也能够打造出商品的统一感

以及故事性，将商品整齐漂亮地展现给顾客。

但是，商品陈列得较长会导致商品布局困难，陈列样式单调，缺乏趣味性，使顾客感觉卖场缺乏重点，没有魅力。因此，如何打造卖场的魅力点是长型陈列中需要关注的问题。

② **短型陈列**：在短型陈列中，可以自由灵活地对商品进行布局，使卖场富有变化性。在商品陈列中，也容易打造出能够吸引顾客的核心点，使卖场有主次、有张弛，提高顾客的回游性。

但是，需要注意的是由于商品采用的是短型陈列，也就是将陈列细分化的陈列方式，因此很难打造出商品的系列性，使陈列的商品缺乏连续感。也正因为失去了连续性，商品的故事性也难再形成。

另外，短型陈列也缺乏量感，有时候让人感觉缺少冲击力。

长型陈列与短型陈列

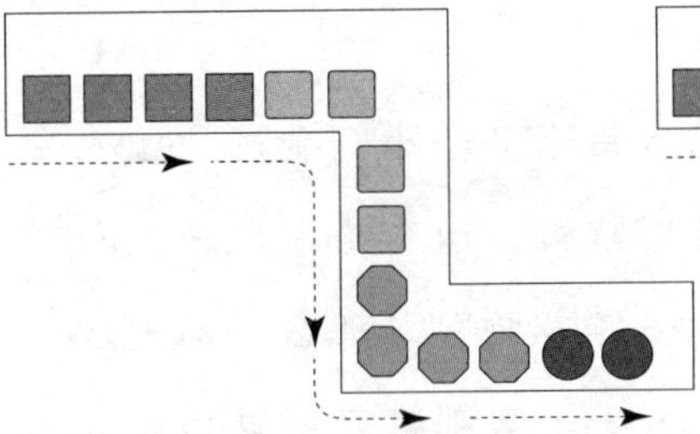

在长型陈列中，容易展开富有连续性和故事性的商品陈列。另一方面，容易使陈列样式过于单调

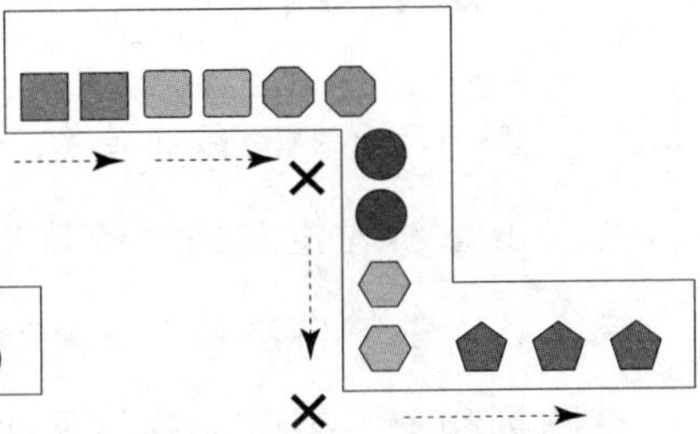

在短型陈列中，一方面商品陈列容易缺乏连续性和故事性；另一方面，容易展开富于变化性的、有趣的商品陈列

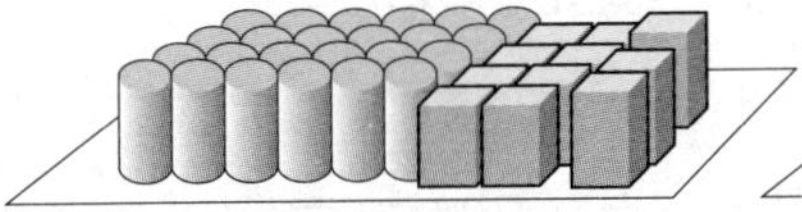

长型陈列能够打造出商品的量感，使陈列充满活力

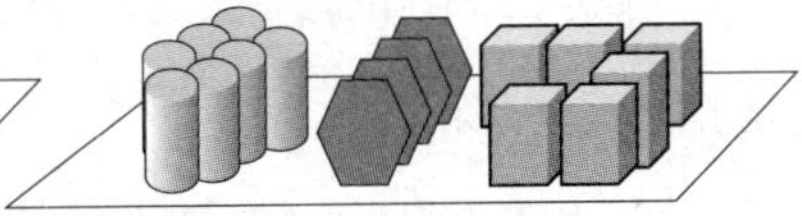

短型陈列能够使陈列富于变化。

	长型陈列	短型陈列
○	能够打造故事性	有张弛
	将商品系列性地展出	容易打造吸引顾客的核心点
	展现商品的种类多样性	可以自由布局
	充满丰富感	灵活应对变化
×	陈列样式单调	很难分组进行规划性的陈列
	很难形成布局	很难形成连续性
	无趣，容易使顾客厌烦	缺乏量感
	很难达到陈列平衡	很难打造出商品的系列性

71 不安定感陈列与安定感陈列的区别是什么？

陈列商品的时候，有给人带来动态不安全感、让人想马上重新规整它的不安定感陈列，也有给人带来安心感、让人能够自然接受它的安定感陈列。那么，不安定感陈列和安定感陈列在陈列效果、吸引顾客的魅力点上有哪些不同点呢？

顾客在商品陈列状态中感到不安定感或是安定感，主要是指放置型陈列。

在放置型陈列中，让顾客有安定感的陈列模式是“三角形陈列”。三角形陈列就是类似于金字塔的陈列方式，因为底部较宽，所以会给人带来稳定的感觉，容易打造出平衡感。

如果将三角形这种平衡性打乱，就形成了不规则的三角形结构，给人带来的不安定感增加。比如倒三角形。

不安定感结构比较富于变化性，打造出动感的陈列效果。因此，比较适合陈列有运动感、有跃动性的潮流商品。只是，不安定感陈列的平衡比较难把握，在打造过程中要多注意方法。

① **不安定感陈列**：因为不安定感陈列属于富于变化性的

陈列，能够打造出商品的动感，所以经常用来凸显商品的潮流感和运动性。

但是，由于不安定感陈列变化性太大，所以很容易在布局上失去平衡，这点要多加注意。另外，不安定感陈列也经常会给顾客留下复杂、杂乱的印象，让顾客感觉商品的陈列很不规则。由于商品在陈列过程中，为了打造出变化感，一定会出现商品的数量差异，这样就很难把握店铺的库存到底有多少，无法准确地实施库存管理，很容易导致库存不足现象的发生。

② **安定感陈列**：安定感陈列会给人带来安心感，因为感觉有固定的模式，所以觉得很值得信赖。安定感陈列中不会有太大的变化，一般都是采用有规律性的节奏陈列商品。

但是，因为安定感陈列缺乏变化，给人静态的感觉，所以商品在陈列上缺少冲击力，不是积极地展示，而是被动地陈列。另外，在陈列方式上比较整齐划一，容易让顾客觉得单调，这点也要多加注意。

安定感陈列与不安定感陈列

安定性、固定印象、静态的、有信赖感

安定结构与不安定结构的印象

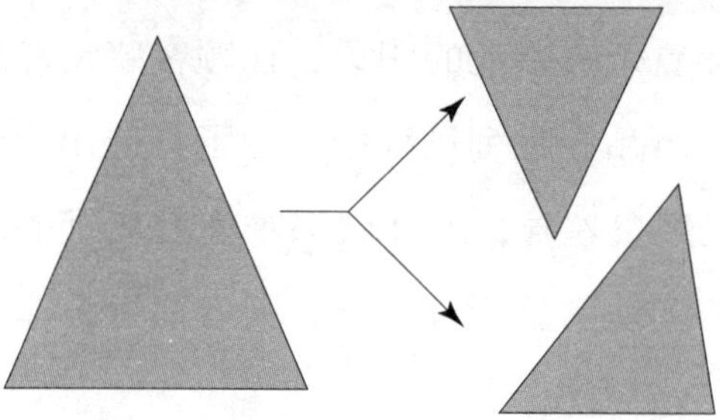

安定感陈列的代表模式是三角形陈列

不安定感陈列是从打乱三角形的平衡结构开始的

不安定、跃动的、变化、有趣

	安定感陈列	不安定感陈列
○	有规律性的节奏	动感的陈列效果
	容易打造出平衡感	容易打造多样化陈列
	有安心感	富有变化性
	容易获得顾客的信赖	让人感觉有趣
×	静态的，缺乏冲击力	复杂、杂乱的印象
	无法应对差异性需求	容易失去平衡
	容易缺乏变化性	导致库存不足现象的发生
	被动的印象	陈列不规则

72 宽横面陈列与窄横面陈列的区别是什么？

陈列商品的时候，有横面比较宽的宽横面陈列，也有横面比较窄的窄横面陈列。那么，宽横面陈列和窄横面陈列在陈列效果、吸引顾客的魅力点上有哪些不同点呢？

站在顾客的视角考虑横面比较宽的宽横面陈列和横面比较窄的窄横面陈列，其实就是两种不同的商品比较形式。

也就是说，是以纵列的形式比较商品，还是以横列的形式比较商品。如果是横面比较宽的陈列，就采用横列比较；如果是横面较窄的陈列，就采用纵列比较。

当然，因为顾客站在陈列商品旁的位置和距离不同，视野范围也有很大差异。所以陈列的时候采用横列比较还是纵列比较，要根据具体情况进行调整。另外，过道宽度和过道的方向也对陈列方法的选择有很大影响，具体实施的时候要多加注意。

① **宽横面陈列**：陈列空间的横面宽，商品的陈列幅度就大，这样就能陈列很多商品，使商品种类多元、有多样性，一眼看上去都是不同形状、不同颜色的商品，打造出商品的

丰富感。

由于宽横面陈列的商品有量感，所以能够给顾客带来随意挑选商品的轻松感。另外，也可以通过搭配商品形成商品提案，为顾客购买商品提供参考性的建议。

但另一方面，由于宽横面陈列中的横向面积大，所以容易让人有冗长乏味的感觉，重点不突出，缺乏魅力点。另外，有量感的商品陈列比较容易带给人杂多感，也很容易出现库存过量的现象，这些都应该多加注意。

② **窄横面陈列**：在窄横面陈列中，由于横面面积较小，所以经常被用于陈列一些特别商品，或者将商品进行特殊陈列布局，通过独特性吸引顾客。

因为陈列的数量被限定，数量较少，所以每一件商品都可以精心打造。打造后商品都呈现出良好的销售状态，给顾客留下特别的印象，吸引顾客驻足。

但是，窄横面陈列中最大的问题在于商品的陈列数量少。由于陈列数量被限定，卖场的优势、商品的优点都不能被充分地表现出来，卖场缺乏魅力、缺少冲击力，在具体实施陈列商品的时候，要注意这一点。

宽横面陈列与窄横面陈列

宽横面陈列

展现商品的多样性，通过搭配商品提高顾客购物的便利性和购买率

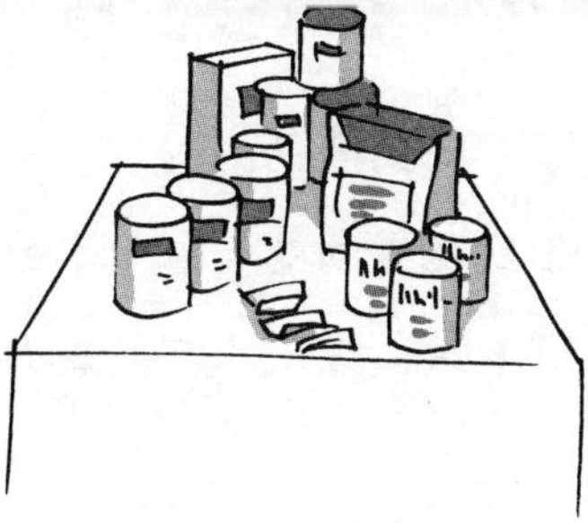

窄横面陈列

限定商品陈列数量，将选定的商品精心打造，提高商品的附加价值

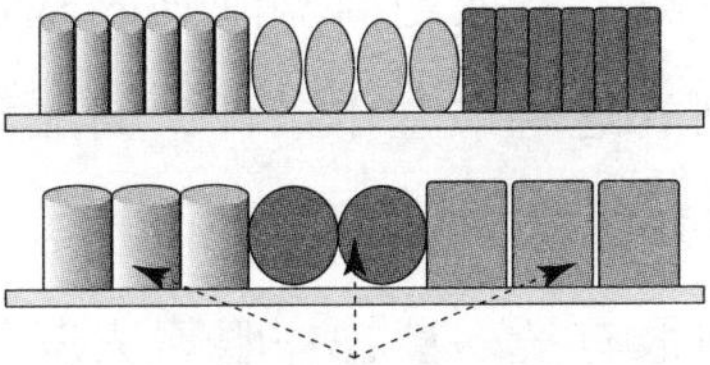

通过宽横面展示商品的多样性

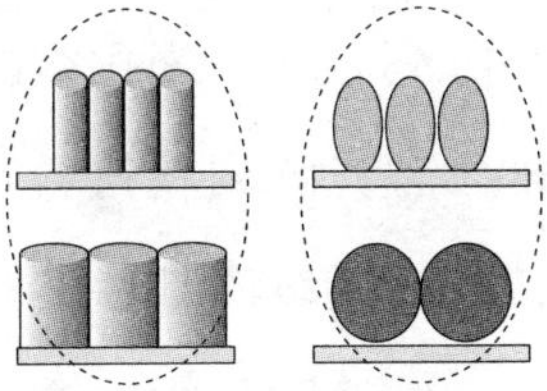

将选定的商品进行精心陈列

	宽横面陈列	窄横面陈列
○	能够展现商品的多样性	能够开展独特性陈列
	能够随意挑选商品	能够精心地陈列商品
	有丰富感	容易打造特定形象
	能够进行搭配陈列	精心的陈列能够吸引顾客
×	成为冗长乏味的陈列	陈列数量被限定
	容易有杂乱感	主力商品数量太少
	很难突出重点	缺乏量感冲击力
	容易库存过多	单品陈列数量少

73 整齐陈列与变化陈列的区别是什么？

陈列商品的时候，有井然有序的整齐陈列，也有富于变化性的变化陈列。那么，整齐陈列和变化陈列在陈列效果、吸引顾客的魅力点上有哪些不同点呢？

在商品最基本的陈列方法中有两种陈列方式：整齐陈列和变化陈列。

① **整齐陈列**：整齐陈列是一种为顾客购物提供便利性的商品陈列方式。为顾客购买商品提供方便是商品陈列的基本要求。整齐陈列就符合商品陈列的这种最基本条件，商品无论横向还是纵向都井然有序，整齐摆放。

在整齐陈列中，商品的陈列很有统一感，一眼看去就知道有哪些商品，便于顾客查看、查找，这样的陈列也方便顾客购物时比较商品。

只是，因为整齐陈列可能会给人带来过于整齐的印象，比较平面化、静态化，所以缺乏趣味性，很容易让顾客感觉到无趣。为了避免这一点，在整体陈列中，要多利用盒式台打造陈列器具的高低感，增加变化性，消除陈列带来的单调感。

通过打造高低差，商品陈列的宽度变窄，商品的陈列更趋于集中，有紧凑感。但是，此时一定要注意避免破坏商品陈列中的整齐感。

② **变化陈列**：与整齐陈列不同，变化陈列的结构比较自由。因此，变化陈列更容易给人留下深刻的印象。

变化陈列能够更容易打造商品重点，使商品在陈列上有主次、有张弛，这样商品在表现上就有了动感性，商品和卖场变得有趣，吸引顾客驻足。

但是，由于商品陈列方式自由，也产生了一些负面问题。比如，缺乏平衡性，容易留下杂多无序的印象等。另外，变化陈列也不方便顾客查找商品、接触商品、比较商品等，这一系列的问题在采用变化陈列的时候要多给予考虑。

整齐陈列与变化陈列

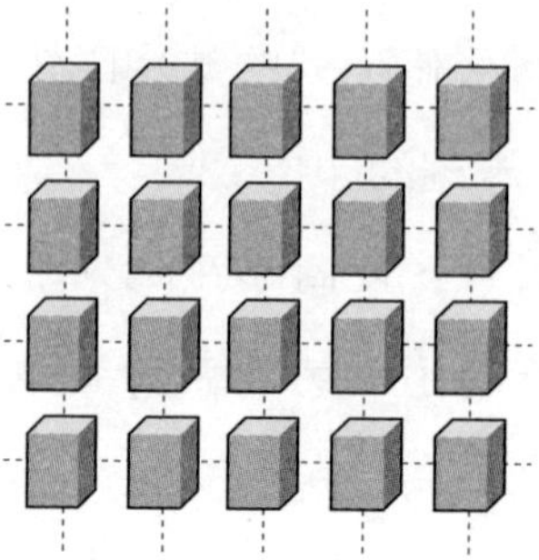

整齐陈列

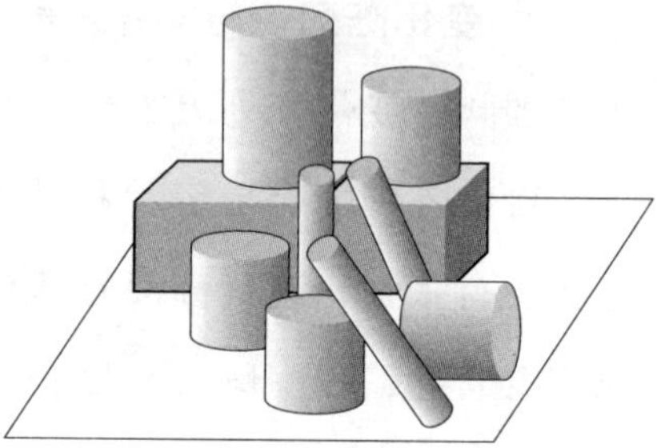

有变化性的陈列，注意陈列平衡

整齐陈列中可以
增添高低差

	整齐陈列	变化陈列
○	便于了解	有张弛
	便于比较	有动感
	有统一感	有趣
	便于查看	容易打造形象
×	容易有单调感	有杂多感
	静态的，缺乏趣味性	难于比较
	很难打造重点	很难查看到
	无扩展	很难拿到，很难接触到

74 特色核心陈列与顾客核心陈列的区别是什么?

陈列商品的时候，有以突出优质商品和特色商品为核心的特色核心陈列，也有以顾客的需求为核心、根据顾客的期望摆放商品的顾客核心陈列。那么，特色核心陈列和顾客核心陈列在陈列效果、吸引顾客的魅力点上有哪些不同点呢?

在特色核心陈列和顾客核心陈列中，两者的卖场氛围有很大不同。

① **特色核心陈列**：有特色的卖场中的商品，自然每一件都有自身特色。由于陈列的对象是这样的商品，所以在陈列方法上也要多花费些心思，在充分了解商品特征的基础上，再开展有特色的商品展示。

由于每件都是高质量的商品，所以这类商品带有自身价值观，能够与其他商品差异化展出，商品的展出重点和魅力点也清晰明了。

一方面，在陈列商品的时候，注意要精心打造，让顾客看到展出的商品就明白商品所要传达的信息是什么。诸如此类的基本要素，在陈列过程中一定要完善、完备。

但是，另一方面，在特色核心陈列中，正因为商品是被限定的，所以陈列形式也是被限制的。这就从一个侧面说明商品的陈列数量也是有限的。

② **顾客核心陈列**：在顾客核心陈列中，店铺通过多听取顾客的需求，像便利屋（代替委托人从事各种代行业务的人。比如，替人送货等。——编者注）一样陈列各种顾客需求的商品。由于顾客核心陈列能够满足顾客的各种要求，得到顾客的支持，所以在顾客核心陈列中有一个基本要求，就是商品的种类一定要丰富多样。

因为卖场中陈列的商品有很多种类，商品数量也不相同，所以顾客核心陈列很容易给顾客带来一种库存过多的感觉。

一方面，由于顾客核心陈列中的商品很丰富，所以能够开展多种类的商品陈列，为顾客选择商品提供便利。而且，商品种类多能够使商品有各种组合搭配，让顾客能够轻松愉快地享受购物。

但是，另一方面，顾客核心陈列展示的商品没有关联性，很难打造出自身特点，因为容易留给顾客杂多的感觉，所以陈列的时候一定要认真做好商品分类。

特色核心陈列与顾客核心陈列

在特色核心陈列中，通过魅力式陈列为顾客展示优质商品。将商品的优点完美地展现给顾客

在顾客核心陈列中，根据顾客需求陈列商品，通过商品的多样性打造出商品的量感。注意做好商品分类

	特色核心陈列	顾客核心陈列
○	打造特定形象	便利性高
	能够与其他商品差异化展出	能够开展多种类的商品陈列
	能够精心陈列	有量感，有冲击力
	魅力点清晰明了	能够有各种搭配形式
×	商品被限定	杂多的印象
	商品陈列数量有限	很难打造出自身特点
	陈列形式被限制	商品陈列没有关联性
	容易形成“独断式”陈列	很难有提案性

75 话题商品陈列与生活必需品陈列的区别是什么？

陈列商品的时候，有自身带有话题性的话题商品陈列，也有作为顾客生活必需品的生活必需品陈列。那么，话题商品陈列和生活必需品陈列在陈列效果、吸引顾客的魅力点上有哪些不同点呢？

话题性商品和生活必需品在陈列形式上有以下区别。

① **话题商品陈列**：话题商品属于自身就有关注度的商品，比如，比较有新闻性，应季需求量比较高等。因此，这些商品要陈列在能够吸引顾客注意的位置，采用能够引起话题并利于顾客了解的陈列方式。也就是说，商品要采用基础陈列方式，让顾客充分明白商品所要表达的重点是什么，想传达的信息是什么。一方面，这种话题商品的陈列自身就带有视觉焦点，陈列整体有张弛、有主次，使卖场充满魅力和活力。

但是，另一方面，因为话题商品陈列是以需求量高的商品为核心的，所以展示的时间和数量都是被限定的。基于这样的原因，商品周转速度加快，陈列的混乱和销量不齐很容易产生杂多感，这点要多加注意。在陈列的时候，比起“展示区域”，要更注重以“购买区域”为主体。

② **生活必需品陈列**：如果陈列的对象是顾客熟知的生活必需品，那么陈列的重点是“只要让顾客知道店铺有这件商品就行了”。因此，在陈列的位置上，可以选择任意的不显眼的空间，比如，大型陈列架的阴影中、不规则的角落空间、人气商品的同侧、卖场的最里面等。在陈列器具的选择上，可以是经常使用的陈列用具，也可以是临时使用的陈列道具。

在生活必需品陈列中，一定要认真做好商品分类，并明示商品的陈列位置。在此基础上，陈列商品的时候，也要注意商品的陈列要方便顾客拿到商品以及了解商品。

但是，由于商品的购买频率高，容易出现库存不足的现象，所以一定要做好商品管理。而且因为会经常出现陈列凌乱的问题，所以要多加注意，随时调整整理。

话题商品陈列与生活必需品陈列

编者注

对于处在阴影中、很难引起顾客注意的陈列空间，可以通过吸引顾客眼球的商品展示方式以及陈列顾客生活中的人气必需品等方法，使此部分区域得到有效利用

端架陈列的重点是将能够吸引顾客的商品摆放在显眼的位置，并经常更新陈列方式，通过“新鲜的陈列”吸引顾客

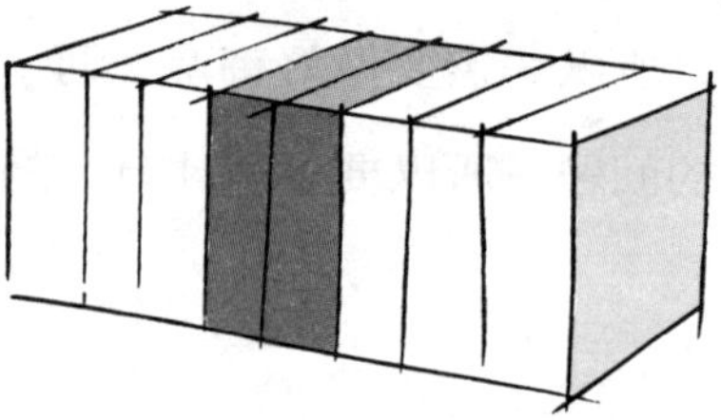

在话题商品旁边陈列库存商品的时候，一般采用将话题商品摆放在中间的“三明治”形式陈列，这样可以通过话题商品带动顾客对其他商品的注意

	话题商品陈列	生活必需品陈列
○	易于了解	有轻松感
	容易打造视觉焦点	易于购买
	有话题性	易于了解
	容易销售	易于顾客拿到
×	被限定的商品	有杂多感
	销售期限短	容易有库存不足的现象
	视觉焦点有限	很难有商品提案
	与其他商品的形象有差别	有时会不利于顾客查看

76 单品陈列与组合陈列的区别是什么？

陈列商品的时候，有陈列单品的单品陈列，也有将单品组合在一起进行陈列的组合陈列。那么，单品陈列和组合陈列在陈列效果、吸引顾客的魅力点上有哪些不同点呢？

单品陈列和组合陈列的最大区别就在于，前者的主要目的是将商品的自身价值恰到好处地传达给顾客；后者的目的是通过打造组合商品的主题，传递整体形象和理念。

① **单品陈列**：单品陈列的基础是确定陈列商品的范围有多大，种类有多少。由于范围和种类不同，陈列方法、商品布局、放置方法以及悬挂方法也是各异的。

在单品陈列中，一定要对商品认真地进行分类。商品陈列得整齐有序，才能便于顾客了解商品内容，找到自己所需的商品。

此外，单品陈列的另一个特点是能够使商品处于漂亮的陈列状态中。

单品陈列能够突出商品重点，让顾客清晰地了解“陈列商品的核心魅力在哪里”。

但是，因为单品陈列中的商品是单品，所以无法形成关联性陈列，导致很难有提案性地展示商品。

② **组合陈列**：组合陈列的要点在于明确主题，并将所要表达的内容传达给顾客。比如，服装店为新入职员工准备的套装、料理店准备的夏天火锅套餐等。组合陈列的提案性较强，能够很好地传达商品特点。

如果商品以组合的形式陈列，就能够将商品进行整体搭配，在表现形式上也比较多变，能展开有提案性的商品展示，向顾客充分展现商品魅力，唤起顾客的购物欲望。

单品陈列与组合陈列

单品陈列容易让顾客感觉单调，陈列时要多加注意

通过组合陈列，将商品的款式展现给顾客

	单品陈列	组合陈列
○	商品种类清晰明了	能够打造整体形象
	商品核心明确	能够开展有变化性的陈列
	便于顾客找到所需商品	能够开展有提案性的陈列
	便于了解	能够提高每位顾客的平均消费金额
×	没有关联性	容易有杂多感
	容易形成单调的陈列	很难查找
	陈列中容易出现参差不齐的现象	很难了解构成单品的特点
	很难有提案性地展示商品	陈列中容易出现参差不齐的现象

77 魅力式陈列与直接式陈列的区别是什么？

陈列商品的时候，有集中将商品的魅力展现出来的魅力式陈列，也有将商品直接摆放出来的直接式陈列。那么，魅力式陈列和直接式陈列在陈列效果、吸引顾客的魅力点上有哪些不同点呢？

顾客购买商品时的行为大致有两个特征，一个是“看”，另一个是“触碰商品”。

① **魅力式陈列**：将商品进行魅力式陈列的时候，为了让顾客也有同样的感觉，一定要多花心思布局设计商品。有目的性地布局展示商品就是魅力式陈列的重点。

所谓布局在这里就是“提案”的意思。值得提案的商品包括新商品、流行商品、主力销售的商品、话题商品、应季商品等。

魅力式陈列有视觉焦点，能够吸引顾客目光，卖场在打造核心魅力中发挥着重要作用。

② **直接式陈列**：直接式陈列就是让顾客在决定购买某件商品之前能够将商品直接拿到手中进行比较的陈列方式。

从顾客的购物心理角度来说，顾客在决定购买某件商品前，购入的欲望实际上已经比较强烈了，所以完善购物环境、将商品充分地展现给顾客是重点。

由此可见，在陈列商品的时候，灵活利用顾客的购物心理，让顾客能够充分了解商品单品的陈列方式是很有必要的。

那么，怎样的陈列才能让顾客充分了解商品内容呢？这就需要对陈列商品进行认真的分类，并整齐有序地摆放出来。

具体来说，比如将商品正面陈列，让顾客能够更清楚地看到商品的正面，通过这样的陈列方式将该商品与其他商品的不同点、优点以及特征传递给顾客。

魅力式陈列与直接式陈列

魅力式陈列

大衣衣领、袖口处使用的毛皮和旁边的羊形成对照，让人感觉很有趣。在淡漠的舞台设定中添加照明，打造一种空幻的氛围

直接式陈列

将玩偶大量地摆放在陈列架上，这种量感陈列很适合顾客的比较购买。比如顾客能够很清晰地看到每个玩偶的面部表情，能够触摸到每个感兴趣的玩偶等

	魅力式陈列	直接式陈列
○	有视觉焦点	能够看到商品的正面
	有提案性	商品分类明确
	有整体形象	便于顾客比较商品
	有变化	能够了解每件单品的特点
×	打造过程中比较花费时间	容易让人感觉陈列很单调
	打造前需要花时间准备	缺乏趣味感
	有时需要专业知识、专业技术	商品数量上很难达到平衡
	很难强调单品的魅力	很难打造商品形象

78 季节感陈列与无季节感陈列的区别是什么？

陈列商品的时候，有突出季节特征的季节感陈列，也有与季节无关的无季节感陈列。那么，季节感陈列和无季节感陈列在陈列效果、吸引顾客的魅力点上有哪些不同点呢？

季节感陈列、无季节感陈列的区别主要受商品与生活方式之间关系的影响。如果商品与人们的生活方式有关系，那么经常采用季节感陈列；如果商品与人们的生活方式没有关系，那么经常采用无季节感陈列。

① **季节感陈列**：在生活方式中与季节有关系的是人们在生活中举行的各种仪式、活动。比如，春天的毕业式、游园活动、公司入职仪式等；秋天的运动会、与艺术相关的活动等。另外，随着自然界的变化，人们的生活也随之改变，比如，夏天时的抗暑对策、冬天时的抗寒对策等，因此，在陈列商品的时候，要注意商品的搭配，将能够满足顾客生活需求的商品展示给顾客。

与季节有关系的商品主要有应季的食材、季节流行性商品、季节性仪式及活动中必须用到的商品等，应该将这些商品放在前面，进行突出陈列。

在季节感陈列中，让顾客在商品自身上感受到季节性是比较有效的陈列方法。

因为商品本身就有流行性，所以陈列的时候主要就是采用突出商品自身优点的形式展示商品。

生活方式中的所有商品基本上都与季节有关。如果勉强举个例子，那么可能就是“冠婚葬祭（指成人式、结婚典礼、葬礼和祖先祭礼。——编者注）”了，当然“祭”是不包括在其中的。

② **无季节感陈列**：无季节感的商品主要有耐用商品（比如家具类商品、室内装潢材料、厨房用品等）、工作用的小工具、电脑及办公用品等。

对于这些商品，顾客一般都是目的性购买，而且认知度较高，商品也有自身特点，所以陈列时候的重点是让顾客清楚地了解商品的范围种类，便于顾客找到需求商品。

但是，无季节感陈列没有张弛感，容易整齐划一，让人感觉无趣，这一点要多加注意。

季节感陈列与无季节感陈列

季节感的商品展示

这是家具陈列品的展示空间，利用独特的色调和小物件营造一种清爽的夏季氛围

无季节感的商品展示

这是让人感觉不到季节感的高级腕表的 VP 展示。腕表的陈列很有特色，并通过适度的空白空间让顾客更能意识到腕表的存在，吸引顾客注意

	季节感陈列	无季节感陈列
○	有季节感	有安定感
	有流行性	认知度高
	有变化	有安心感
	能够立竿见影	商品自带特点
×	陈列中容易出现参差不齐的现象	无张弛感
	很难打造卖场平衡	没有流行性
	期间短	没有视觉焦点
	销售情况不平均	有时会感觉无趣

第 10 章

做到这些就完美了！

卖场的检查要点

结合第 1 章至第 9 章的内容，以问题的形式设置 50 个检查要点。通过回答每个问题，检查卖场打造是否合格。

解说内容是从第 1 章至第 9 章中摘录的要点。请认真把握每个问题的要点进行检查。

每个表格下面都有平均诊断结果。

如果有不清楚的地方，请再次回到原文仔细确认。

下面，我们就开始吧！

79 “打造卖场和陈列商品的基础”“打造魅力卖场的秘诀”之检查要点

1 在打造卖场时，首先需要明确店铺想向顾客传达怎样的信息。如果对于这一点模模糊糊、含糊不清，那么打造出来的卖场也会让人感觉莫名其妙，缺乏吸引力。

2 提高回游性的重点在于“让顾客感觉到卖场是非常有趣的”。要尽可能长地设定能够使顾客在店内愉快回游的顾客动线。

3 顾客的购物行为一般基于 AIDCA 模式。如果能够按照这种购物模式陈列商品，就可以吸引顾客眼球，刺激顾客消费。

4 顾客对店铺的印象一般在店铺门口就已经形成了。所以打造店铺门口形象是很重要的。

5 所谓“商品展示”就是将商品提案性地展示出来。所谓的“提案”，指的是店铺通过（展示或搭配）商品和（提供）服务等向顾客询问“(这件/这样）怎么样”。

6 商品陈列的基础就是站在顾客的角度，通过适当的量感陈列，让顾客能够更容易看到、找到、了解、比较商品。

7 打造魅力卖场的时候，一定要积极地以视觉营销的形式突出顾客比较关心的“事情”，以此吸引消费者。

8 “展示区域”：顾客在购买商品的时候一定要看到商品。所以商品在陈列上要易于顾客观察。

“挑选区域”：挑选商品的场所，使顾客感受到选购乐趣的空间。

“购物区域”：指顾客实际购买商品的场所。顾客在这一空间接触商品，坚定购买决心。

9 如果合理地布置卖场，使其有效地发挥作用，整个卖场就会充满生机。

10 顾客进店以后购买商品的过程都是基于“购物心理”和“购物行为”。打造卖场的时候要充分考虑到这一点。

第 1 章　打造卖场和陈列商品的基础
第 2 章　打造魅力卖场的秘诀之检查要点

	问题	是的	没有
1	顾客站在店铺门前时就能够感受到店铺的魅力吗？		
2	卖场的布局能够提高顾客的回游性吗？		
3	陈列商品的时候，充分考虑顾客的购买动机和购买模式了吗？		
4	店铺门口的设计能够将顾客吸引到店内吗？		
5	商品展示中的“提案性”充分展现出来了吗？		
6	商品的陈列易于顾客看到、选择、找到、了解、比较吗？		
7	卖场中有“让顾客情不自禁驻足的”魅力点吗？		
8	在卖场中区分打造“展示区域”、“挑选区域”、“购物区域”了吗？		
9	为了提高卖场活力，合理布置卖场了吗？		
10	掌握顾客是怎样在店铺内回游的了吗？		
诊断	在问题 1—4 中，如果有 2 个以上“没有”，那么您需要再重新温习一遍第 1 章“卖场打造的基础”。如果问题 5—10 中有 4 个以上“是的”，说明您已经掌握了打造魅力卖场的秘诀。全部问题中如果回答“是的”达到 6 个以上，那么您就过关了。		

80 “店内库存的有效陈列方法”“促进销售、加速商品周转的方法”之检查要点

1 销售额=顾客数量×每位顾客的消费金额。也就是说，打造卖场的时候，要尽量将卖场打造成一个能够使更多顾客尽可能多地选购高额商品的空间。

2 为了使库存商品充满活力，让顾客感觉商品“生机勃勃”，重点就需要在变更布局、改变以往的陈列等方面多花费心思。

3 整理指对商品进行分类，整顿指展示整理后的商品。

4 对于陈列方式而言，比起随意的凌乱陈列，整齐陈列才是好的陈列。

5 如果卖场的陈列整齐划一，就很容易让人感觉整个卖场单调、无活力。与整齐划一的陈列不同的是有变化的陈列。变化陈列中比较有代表性的是强调陈列。

6 开展应季的商品展示和符合人们生活方式的商品展示。将大自然带给人们的各种各样的现象、人们每月的生活习惯、每个节日需要参加的活动与对象商品联系在一起，让顾客一看到这种商品陈列，就能够联系到自身情况，增加顾客对商品的需求度，提高卖场销量。

7 根据顾客的需求变化充实各类商品，并通过视觉营销的方式展示商品。

8 打造有乐趣的卖场重点是将卖场打造得有活力、有漂亮的视觉展示。这直接关系到顾客的回游性，影响着顾客购买率和顾客进店率的提升。

9 打造活动期间的卖场的时候，根据活动内容不同，类型也不相同。在打造的过程中，有必要整体把握卖场情况。首先一定要明确目标，如果目标不明确，打造出来的效果也不尽如人意。

10 商品周转率高说明商品是人气商品。为了加速商品周转，在打造卖场的时候，要采用最能体现商品特色的陈列方法。

第 3 章　店内库存的有效陈列方法
第 4 章　促进销售、加速商品周转的方法之检查要点

	问题	是的	没有
1	店铺每月的平均进店顾客数量、每位顾客的消费金额、销售额以及数据的变化都清楚吗?		
2	为了使库存商品充满活力，您在布局和陈列等方面花心思了吗?		
3	注意经常整理、整顿商品了吗?		
4	将商品进行整齐陈列了吗?		
5	商品陈列没有单调无趣?		
6	注意结合季节开展应季的商品陈列了吗?		
7	根据顾客的需求变化充实商品内容了吗?		
8	卖场中有能够令顾客愉快回游的布局和吸引顾客的 VP 展示吗?		
9	卖场举办的各类活动（包括打折活动）能够达到预期的效果吗?		
10	在提高商品周转率方面花费心思了吗?		
诊断	如果有 6 个以上的回答为“是的”，说明库存商品的陈列充满活力。如果回答“是的”在 4 个以下，那么您需要重新看一下第 3 章和第 4 章的内容。		

81 "用'感觉'和'科学'打造卖场的方法""打造有效的商品展示的方法"之检查要点

1 每位顾客都有自己的生活方式，因此要明确店铺商品的定位，比如，商品是面向什么样的年龄层、怎样的生活形式、哪个人生阶段的顾客群体等。基于这些打造出来的卖场是比较科学有效的。

2 打造卖场和陈列商品的时候，要注意顾客的视野范围有一个"基准线"。这条"基准线"直接影响过道的宽度和陈列道具的布局。

3 布局卖场主要依据的是"人"、"商品"、"用具"和"卖场空间"4个要素。对于"人"这个要素，基本上通过动线来把握。

4 因为"放置型陈列"方式能给顾客带来轻松感，所以被活用在很多场合。"放置型陈列"方式最大的特点就是顾客能够轻松地接触到商品，这对于提高店铺销售额有着积极的作用。

5 在VMD（视觉营销）中，MD（merchandising＝商品营销）是以V（visual＝视觉）为中心开展的。VMD的构成要素中，分为VP（visual presentation）、PP（point of sales presentation）和 IP（item presentation）3 部分。

6 所谓的 VMD 就是从“看”到“让顾客看到”的过程。店铺通过布局或设计顾客动线等方法，使提案商品进入顾客视野，通过视觉冲击的方式提高顾客兴趣，打造一个让人流连忘返的卖场。

7 为了打造出醒目的 VP 和充满魅力的展台，要同时注意店铺布局、顾客视野、表达方式等问题。

8 在卖场中设计魅力点的目的是提高顾客的回游性，增加顾客在店铺的停留时间，使卖场充满活力。

9 商品最能吸引顾客的不是商品本身，而是商品所表达出来的使用价值。因此，在陈列商品的时候，一定要明确商品的卖点，传达出商品价值。

10 在设计中最应该被重视的就是“理念”。比如，主题、商品卖点、目标以及预期效果等。

第5章　用“感觉”和“科学”打造卖场的方法
第6章　打造有效的商品展示的方法之检查要点

	问题	是的	没有
1	卖场环境、形象与目标客户相符吗?		
2	实际陈列商品的时候充分考虑顾客视野范围的“基准线”了吗?		
3	布局卖场的时候，充分考虑到“人”的体型了吗?		
4	“放置型陈列”让顾客感觉到轻松感了吗?		
5	打造卖场的时候，是否充分考虑了 VMD 的构成 3 要素——VP、PP、IP ?		
6	商品的展示方式是否能够吸引顾客，提高顾客购买兴趣?		
7	有醒目的 VP 和展示重点吗?		
8	在卖场中设定能够提高顾客回游性的魅力点了吗?		
9	商品的陈列能够传达出商品价值吗?		
10	商品展示体现“理念”了吗?		
诊断	在问题 1—5 中，如果有 3 个以上“没有”，那么为了能够科学地把握卖场，您需要重新温习一遍第 5 章的内容。如果整体有 6 个以上“是的”，那么说明您已经掌握了卖场的整体打造方法和有效的商品陈列方法。		

82 “使卖场重新获得生机的方法”“有效活用卖场打造中关联要素的方法”之检查要点

1 陈列商品的时候，如果商品摆放得不整齐，那么不仅会给顾客带来杂乱的印象，也会使商品难于查找，不便于了解，给顾客带来麻烦。因此，在陈列商品的过程中，商家需要多花费些心思，采用能给顾客带来“统一感”的陈列方式。

2 在改变卖场布局和陈列的时候，经常会出现一些不规整的空白空间，这样的空间被称为“死亡空间（dead space）”。虽然“死亡空间”很难得到有效的利用，但是我们不应该就这样放弃，而是要多想办法，多花费些时间和精力，思考活用这些空间的方法。

3 在陈列商品的时候，为了使顾客能够在商品面前情不自禁地驻足查看，一定要明确商品卖点，并有意识地进行布局设置。

4 有计划地设计顾客动线，并在重点区域设置商品展示。为了提高顾客在卖场的回游性，一定要计划性地布局设计，使顾客能够多些时间在店铺中驻足、移动。

5 所谓的“易购买”陈列，指的是符合顾客购物行为的陈列。也就是说，这种陈列方式充分站在顾客的角度，以顾客的心理，分析顾客的行为，为顾客提供一个方便购物的环境。

6 在打造店铺门口空间的时候，需要注意门口销售的目的在于“吸引顾客进店”。打造门面是为了让整个店铺都充满生机，切勿本末倒置。

7 陈列商品时用到的用具和器具主要是为了将商品特征展示给顾客，向顾客传达商品的价值和使用效果等信息。

8 所谓的“在卖场和商品陈列中使用颜色”是指通过使用单色或是组合搭配的色彩打造出新形象、新效果。

9 在打造店内照明的时候，要注意店铺整体基础照明和局部强调照明的平衡。另外，在打造店铺门前照明的时候，注意门前照明的作用不仅是引导顾客进店，还肩负着打造店铺形象的任务。

10 使用 POP 广告时要注意：①添置在适当场所；②保持数量适中；③准确的表现形式；④贴切地添附；⑤适时地使用；⑥合适的大小；⑦设计上吸引顾客。

第 7 章　使卖场重新获得生机的方法
第 8 章　有效活用打造卖场中关联要素的方法之检查要点

	问题	是的	没有
1	商品的摆放整齐吗，有“统一感”吗?		
2	卖场中已经不存在没有被合理活用的不规则“死亡空间”了吧?		
3	商品的陈列布局能够吸引顾客情不自禁地驻足查看吗?		
4	店内顾客动线的设计以及重点区域的商品展示是否提高了顾客通往店铺最里面的回游率?		
5	是否站在顾客的视角，为顾客提供了一个方便购物的环境?		
6	店铺门口是否能够轻松地吸引顾客，并引导顾客走进店铺?		
7	陈列商品时用到的用具、器具是否与商品、卖场形象相符?		
8	打造卖场环境和陈列商品的时候，是否有意识地使用颜色?		
9	照明是否以最适合的方式被使用在合适的位置?		
10	POP 是否以合适的形式添附在合适的位置?		
诊断	在问题 1—6 中，如果有 4 个以上“是的”，那么说明您在打造卖场方面花费了很多心思。如果全部问题中回答“是的”达到 6 个以上，说明您打造的卖场充分考虑了顾客因素。		

83 “对比陈列的方法”之检查要点

1 将商品陈列得很长的“长型陈列”和将商品陈列得很短的“短型陈列”都有各自的特点和效果，因此在实际选择的时候，应该根据不同的情况区别使用。

2 商品的陈列模式中有让人有安定感的“三角形陈列”，也有给人带来不安定感的“不规则三角形结构”，无论是哪一种都要注意打造出平衡感。

3 宽横面陈列和窄横面陈列其实就是两种不同的商品比较形式。如果是横面比较宽的陈列，就采用横列比较；如果是横面较窄的陈列，就采用纵列比较。

4 整齐陈列比较适用于挑选区域和购买区域的陈列，变化陈列比较适用于挑选区域和展示区域的陈列。

5 特色核心陈列中的商品要充分展示出商品的特征；顾客核心陈列中的商品种类一定要丰富多样，尽可能满足每位顾客的需求。

6 将重新分类整理过的商品陈列展示在不规则的区域，通过这样的方式使原本的“死亡空间”变成一个吸引顾客目光的“焦点空间”。

7 单品陈列和组合陈列的最大区别在于，前者的主要目的是将商品的自身价值恰到好处地传达给顾客；后者的目的是通过打造组合商品的主题，传递整体形象和理念。

8 陈列商品的时候，有集中将商品的魅力展现出来的魅力式陈列，也有将商品直接摆放出来的直接式陈列。

以上内容就是 1—9 章的检查要点。下面这两点我也想补充一下，是比较基础的内容，请多加注意。

9 清扫卖场和整理卖场等工作不应该在闭店后进行，而应该在开店前进行。因为这样才能使卖场以最完美的姿态迎接顾客。

10 应该经常检查和实践在本章中列举出来的关于商品陈列时需要注意的点，查到问题立刻解决，力争打造一个完美的卖场。

第 9 章　对比陈列的方法之检查要点

	问题	是的	没有
1	陈列的长度并未冗长乏味?		
2	商品的陈列方式并未打乱结构的平衡，给顾客带来不安定感?		
3	货架陈列采用比较易于顾客比较和查看的陈列形式了吗?		
4	商品的陈列易于顾客挑选吗?		
5	商品的陈列是否充分体现了商品特征和卖点?		
6	在商品陈列中，已经不存在极端的“死亡空间”了吧?		
7	每日都留意观察商品的陈列形式是否能够很好地传递商品价值?		
8	在陈列商品的时候，是否进行认真摆放并在魅力式陈列上多花了心思?		
9	卖场的清扫和整理等工作是在开店前进行的吗?		
10	你能列举出 10 个你认为在商品陈列时需要注意的点吗?		
诊断	如果全部问题中您回答“是的”达到 6 个以上，那么恭喜您合格了。说明您能够充分理解对比的意义，并能活用到卖场中。如果您回答“是的”在 6 个以下，那么您需要重新温习一遍第 9 章的内容了。		

84 总结商品展示的方法

下面对本书中的内容进行总结，如 267 页图所示。

在展示商品的时候，首先要考虑“商品展示”和“展示商品的场所和方法”。

“商品展示”中，其一是“商品提案”。商品展示的基础是以“商品提案”为卖点，即店铺通过展示或搭配商品向顾客提案性地展出商品。在提案商品的时候，首先要明确整体理念，然后以“理念”为基础，形成具体的主题，再以“主题”为核心打造商品。在打造商品的时候，注意要以“展示商品魅力”为中心布局展开。

其二是“商品陈列”。陈列的目的是将商品的价值恰到好处地传达给顾客。因此，在陈列商品的时候，注意要站在顾客的立场，通过正面陈列和侧面陈列的方法展示商品。

另外，在“展示商品的场所和方法”中，“如何有效地活用卖场”很重要。为了能够有效地活用卖场，要有意识地进行布局，明确什么地方开展“商品展示”，什么地方进行“商品陈列”。

布局一般基于“点、线、面”的原则。“点”指吸引顾客的重点，“线”指顾客动线，“面”指卖场本身。通过设置有魅力的“点”，吸引顾客长时间驻足，然后将这些“点”连接成“线”，延长顾客在店铺的停留时间，再随着顾客动线的不断延伸形成“面”，最大限度地活用卖场。

展示商品的时候，可以通过 VMD（视觉营销）的方法。VMD 由 VP（主题陈列）、PP（要点陈列）和 IP（单品陈列）3 部分构成。在打造卖场和推出主力商品的时候，要灵活运用这 3 部分要素。

为了战略性、计划性地展示商品，注意要“精心陈列”和“科学打造”。不要凭借感觉，而要以科学的方法打造。

通过以上方法完善卖场环境，这样打造出来的卖场才会与其他卖场有差异化，才能让顾客感到更加称心舒适。

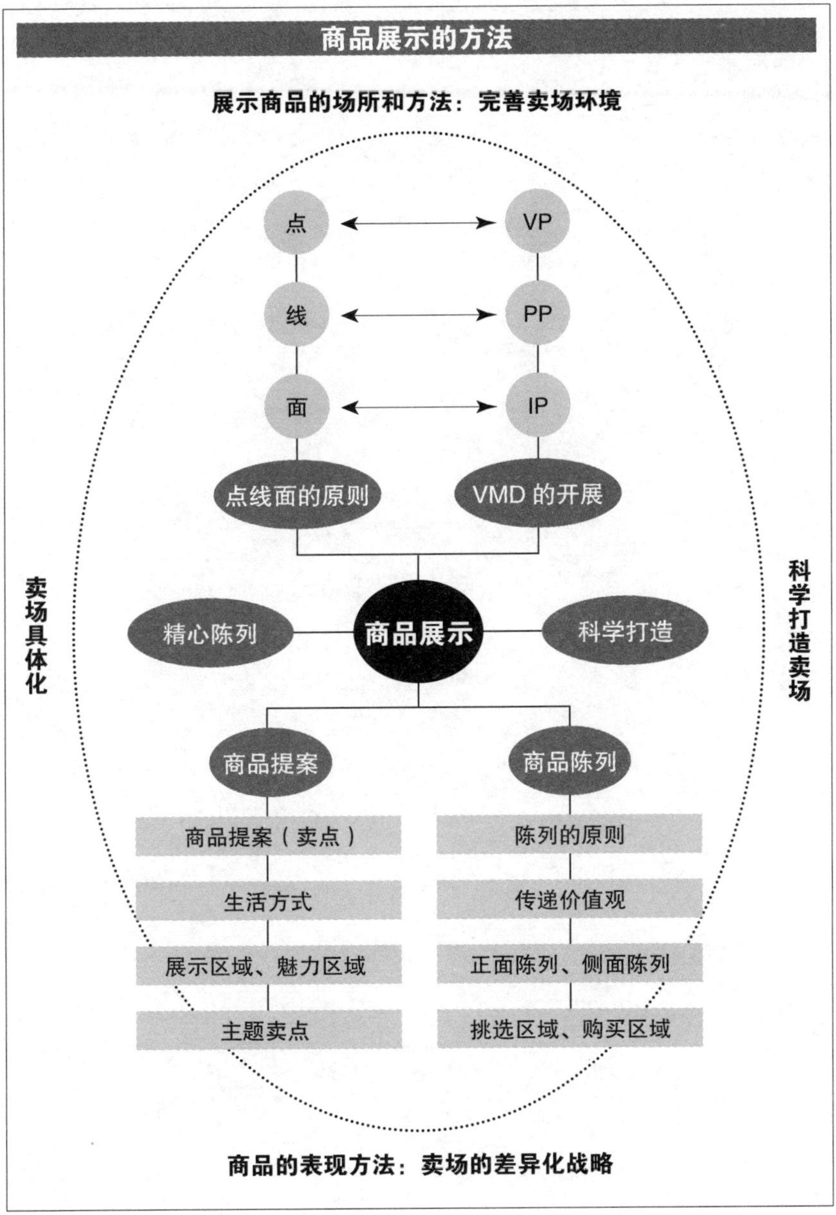
商品展示的方法
展示商品的场所和方法：完善卖场环境
点
VP
线
PP
面
IP
点线面的原则
VMD 的开展
卖场具体化
科学打造卖场
精心陈列
商品展示
科学打造
商品提案
商品陈列
商品提案（卖点）
生活方式
展示区域、魅力区域
主题卖点
陈列的原则
传递价值观
正面陈列、侧面陈列
挑选区域、购买区域
商品的表现方法：卖场的差异化战略

打造春季卖场日历

月		3	4	5
季节日历		春季商品、新生入学、毕业、就职准备、外出、正式服装	春季的新鲜感、新入学贺礼、户外活动季节、开始新生活所需的“后盾”商品、春天的味觉、黄金周、因为花粉症对身体健康的关注	儿童节、母亲节、准备与初夏有关联的商品、出游季节商品、新茶、黄金周
店内促销	打造卖场日历	**衣料：**准备春季商品、正式服装、户外服装 **食：**春季应季食物 **住：**整理暖气的关联用品 **生活：**毕业、入学、就职、春假、女儿节	**衣料：**整理冬季商品、休闲服装 **食：**赏花料理 **住：**改变外观、新生活 **生活：**赏花（赏樱花）、新生活、就职	**衣料：**根据气温变化调整服装 **食：**儿童节、母亲节、郊游便当 **住：**春夏交替改变室内布置 **生活：**连休、儿童节、母亲节、初夏布置
	VP	富有生机的春季流行商品展示、强调春季形象	注意春季的新鲜感、流行性、色彩	商品和形象由春季向初夏转变、打造出视觉冲击力
	PP	尽早开展与本月生活及活动相关的商品展示	新入学时的关联商品、春季新味觉中需要的新食材、外出游玩时的相关用品等诸如此类的本月关联商品，以提案性展示的方式展出	以本月的儿童节、母亲节、出游季、夏季商品需求、初夏的应季商品等为主要卖点打造商品
	IP	在 IP 中陈列充足的春季流行商品，打造春天的气息	确认新学期的关联商品、出游的关联商品、自春入初夏的换季商品等单品是否齐备	适时地调整春季入夏的换季商品，分类整理商品、准备夏季商战
展示提示	季节颜色	粉色、柠檬黄、浅绿	绿色、白色、粉色	绿色系、蓝色
	材 料	油菜花、樱花、郁金香、女儿节陈列的玩偶	樱花、郁金香、（远足的）自行车、（狂欢节）材料	鲤鱼旗、康乃馨、（节日）道具、（旅行主题印象）用品

关于 VP、PP、IP，详见 113 页

打造夏季卖场日历

月		6	7	8
季节日历		换季服装、父亲节、应对雨季、中元节前奏、海水浴场开放时期、（封山期后）重新开放时期、通过精心的布局吸引顾客、开始奖金支出	七夕、瞄准夏季的休闲活动、正式进入中元节、暑假、土用丑日（立秋前18天，日本人一般在这天吃鳗鱼饭。——编者注）、奖金支出、正式的夏季商战开始	旧历盂兰盆会、回家探亲、文体用品、盛夏商品甩卖、暑假儿童活动、夏季祭祀、增强体力的商品企划、应对夏季酷暑
店内促销	打造卖场日历	**衣料：**换季服装、注意虫蛀、注意湿气 **食：**注意食物中毒、注意食品的保存管理 **住：**除湿气、清理霉 **生活：**父亲节、换季服装、除湿气	**衣料：**夏季穿的和服 **食：**营养补给、饮料充足 **住：**消灭害虫 **生活：**凉爽展示	**衣料：**防湿、防虫、整理夏季服装 **食：**苦夏、体力不足、营养补给的平衡 **住：**消灭害虫、应对台风的准备 **生活：**盂兰盆舞、傍晚乘凉、暑假、高中棒球联赛、回家省亲
店内促销	VP	有舒爽感的夏季流行商品展示、以提案性方式展示父亲节礼物、将夏季休闲活动的关联商品以VP形式展出，强调清爽感	以夏季休闲活动、节日活动等为主题，展开视觉营销	以夏季休闲活动为核心吸引顾客，比如，游山玩水、旅行、省亲和年中节日。确定主题，以故事性形式开展视觉营销
店内促销	PP	将父亲节及夏季休闲的关联商品作为重点商品打造	通过提供需求度高的商品吸引顾客	计划性地展出热点商品，通过满足顾客的视觉诉求营销商品。注意采用有清爽感的颜色
店内促销	IP	在陈列换季商品以及夏季商品的时候，注意商品的摆放要便于顾客浏览、查找	与PP有关联性，陈列方式上要方便顾客查看、对比	以PP中的重点商品为核心，打造商品群，开展量感陈列。由于本月是夏季季末，正值夏季商品甩卖时期，注意卖场混乱问题
展示提示	季节颜色	紫色系、绿色、蓝色、白色、黄色	蓝色系、橘色、白色、黄色	橘色、蓝色、白色、黄色
展示提示	材 料	八仙花、樱桃、遮阳伞	七夕装饰、帽子、竹帘、风铃、帐篷	海边工具、圆扇、向日葵、西瓜、牵牛花

打造秋季卖场日历

月		9	10	11
季节日历		防灾日，人们对环境和防灾意识高涨、展出敬老日礼物、秋季服装及秋季食物上市	秋季商品需求最盛时期、换季需求、婚礼关联商品、体育休闲、秋天的味觉	秋冬换季阶段、充实秋季味觉、准备冬季商品、提前布局年末商战
店内促销	打造卖场日历	**衣料：** 秋季服装 **食：** 秋季水果、蔬菜 **住：** 改变室内装饰，体现秋天气息 **生活：** 新学期开始、台风、苦夏状况好转、秋季祭祀、扫墓、中秋节	**衣料：** 服装换季、晾晒衣服、准备冬季商品小物件 **食：** 秋天的味觉 **住：** 准备供暖设备 **生活：** 秋天的运动、郊游、旅行	**衣料：** 准备冬季衣物 **食：** 通过水果、蔬菜摄取维生素 **住：** 房间的冬季准备 **生活：** 注意火灾、准备“七五三”节（日本男孩5岁，女孩3岁和7岁时举行的祝贺仪式。——编者注）、文化节、读书周
	VP	打造有视觉冲击力的秋季流行商品的商品展示，及时地展现新商品，向顾客传递新信息	通过视觉营销充分展现秋天魅力。根据具体商品，以秋季魅力为核心主题，通过 VP 形式，打造使顾客感到愉悦、有趣的商品展示	打造冬季趋势商品专区。重新搭配组合商品，唤起顾客新需求
	PP	由于可能造成与夏季的处理商品混杂，因此在 PP 中要选择合适时机，一并“切换”到秋季商品	卖场中有大量的秋季应季商品，要有计划性地更换商品，使有代表性的秋季商品能够作为 PP 展示出来	采用能够展示商品核心魅力的陈列方法提案商品
	IP	由于此月份是处理品和秋季商品同时存在的时期，因此要做好商品布局，明确区分彼此。观察顾客动线，决定布局设计	此时是秋季商品的最盛期，单品陈列时要注意与 PP 的联动性	由于前半月与后半月陈列的商品有差异，因此注意计划性地调换商品，并且注意商场的秩序性
展示提示	季节颜色	黄色、紫色、橘色、茶色	蓝色、橘色、茶色、鲜红色	茶色、米色、鲜红色
	材　料	葡萄、秋天的水果、红蜻蜓、红叶	红叶、落叶、银杏、芒草	落叶、干树枝、银杏叶、砖

打造冬季卖场日历

月		12	1	2
季节日历		年末、圣诞礼物、能够预支大量奖金、防寒衣料、准备正月用品	新春大甩卖、福袋、整理收纳防寒冬装、成人式、七草节	立春、情人节、准备入学用品、春季趋势商品、毕业谢恩会用品、婚礼用品
店内促销	打造卖场日历	**衣料：**准备联欢会服装、盛装 **食：**圣诞晚会、正月料理 **住：**大扫除、正月装饰、整理房间 **生活：**年末、圣诞晚会、忘年会、大扫除、准备过元旦	**衣料：**整理新年等需要穿着的盛装、冬装中带有春天气息的服装 **食：**年节料理、七草粥、成人式庆祝料理 **住：**整理（新年挂在门前的）稻草绳、检查暖气设备 **生活：**新年后首次参拜、拜年、整理贺年片	**衣料：**冬季甩卖商品、春季趋势商品 **食：**为参加考试的学生准备的营养食物 **住：**室内换气、注意用火 **生活：**农历春节、立春、考试
	VP	圣诞节展示和光效展示是重点。注意商品展示的主题性	本月会有打折商品，也有诸如正月、成人式等节日穿着的盛装商品或辞冬迎春时的流行服装等，根据具体的销售计划决定哪部分作为核心展出，但是相对于 VP，此时的 PP 存在感更强	甩卖是基础，但其中也要注意推出春季趋势商品，提高顾客的购买欲望
	PP	将以 IP 挑选出来的商品，通过搭配组合形成商品提案，吸引顾客	通过丰富的展出形式打造店内主力商品。开展人气商品的 PP 展示	挑选出能够提高顾客购买欲望的商品，以视觉展示的形式吸引顾客目光
	IP	因为商品数量多，所以陈列的时候要注意认真分类，便于顾客明白	陈列单品时要注意与 PP 的一体感。检查基础陈列，充实卖场空间	基本上以甩卖商品为主，但也要注意与 PP 商品的关联性，完善卖场环境
展示提示	季节颜色	红色、金色、银色、白色、绿色、茶色	红色、白色、金色、银色、粉色	粉色、白色、绿色
	材料	圣诞树、雪、驯鹿、圣诞老人、蜡烛、冰花	毽球板、风筝、陀螺、稻草绳、松竹梅	鬼面、梅、（许愿用的）绘马匾

“服务的细节”系列

《卖得好的陈列》：日本“卖场设计第一人”永岛幸夫

定价：26.00 元

《为何顾客会在店里生气》：家电卖场销售人员必读

定价：26.00 元

《完全餐饮店》：一本旨在长期适用的餐饮店经营实务书

定价：32.00 元

《完全商品陈列 115 例》：畅销的陈列就是将消费心理可视化

定价：30.00 元

《让顾客爱上店铺 1——东急手创馆》：零售业的非一般热销秘诀

定价：29.00 元

《如何让顾客的不满产生利润》：重印 25 次之多的服务学经典著作

定价：29.00 元

《新川服务圣经——餐饮店员工必学的 52 条待客之道》：日本“服务之神”新川义弘亲授服务论

定价：23.00 元

《让顾客爱上店铺 2——三宅一生》：日本最著名奢侈品品牌、时尚设计与商业活动完美平衡的典范

定价：28.00 元

《摸过顾客的脚才能卖对鞋》：你所不知道的服务技巧，鞋子卖场销售的第一本书

定价：22.00 元

《繁荣店的问卷调查术》：成就服务业旺铺的问卷调查术

定价：26.00 元

《菜鸟餐饮店 30 天繁荣记》：帮助无数经营不善的店铺起死回生的日本餐饮第一顾问

定价：28.00 元

《最勾引顾客的招牌》：成功的招牌是最好的营销，好招牌分分钟替你召顾客！

定价：36.00 元

《会切西红柿，就能做餐饮》：没有比餐饮更好做的卖卖！ 饭店经营的“用户体验学”。

定价：28.00 元

《制造型零售业——7-ELEVEn 的服务升级》：看日本人如何将美国人经营破产的便利店打造为全球连锁便利店 NO.1！

定价：38.00 元

《医患纠纷解决术》：日本医疗服务第一指导书，医院管理层、医疗一线人员必读书！ 医护专业入职必备！

定价：38.00 元

《迪士尼店长心法》：让迪士尼主题乐园里的餐饮店、零售店、酒店的服务成为公认第一的，不是硬件设施，而是店长的思维方式。

定价：28.00 元

《女装经营圣经》：上市一周就登上日本亚马逊畅销榜的女装成功经营学，中文版本终于面世！

定价：36.00 元

《医师接诊艺术》：2 秒速读患者表情，快速建立新赖关系！ 日本国宝级医生日野原重明先生重磅推荐！

定价：36.00 元

《超人气餐饮店促销大全》：图解型最完全实战型促销书，200 个历经检验的餐饮店促销成功案例，全方位深挖能让顾客进店的每一个突破点！

定价：46.80 元

《服务的初心》：服务的对象十人百样，服务的方式千变万化，唯有，初心不改！

定价：39.80 元

《零售现场力》：全世界销售额第一名的三越伊势丹董事长经营思想之集大成，不仅仅是零售业，对整个服务业来说，现场力都是第一要素。

定价：38.00 元

《别人家的店为什么卖得好》：畅销商品、人气旺铺的销售秘密到底在哪里？ 到底应该怎么学？ 人人都能玩得转的超简明 MBA

定价：38.00 元

《顶级销售员做单训练》：世界超级销售员亲述做单心得，亲手培养出数千名优秀销售员！ 日文原版自出版后每月加印 3 次，销售人员做单必备。

定价：38.00 元

《店长手绘 POP 引流术》：专治“顾客门前走，就是不进门“，让你顾客盈门、营业额不断上涨的 POP 引流术！

定价：39.80 元

《不懂大数据，怎么做餐饮？》：餐饮店倒闭的最大原因就是“讨厌数据的糊涂账”经营模式。

定价：38.00 元

《零售店长就该这么干》：电商时代的实体店长自我变革。

定价：38.00 元

《餐饮店爆品打造与集客法则》：迅速提高营业额的“五感菜品”与“集客步骤”

定价：58.00 元

《赚钱美发店的经营学问》：一本书全方位掌握一流美发店经营知识

定价：52.00 元

《新零售全渠道战略》：让顾客认识到“这家店真好，可以随时随地下单、取货”

定价：48.00 元

《良医有道：成为好医生的 100 个指路牌》：做医生，走经由“救治和帮助别人而使自己圆满”的道路

定价：58.00 元

《口腔诊所经营 88 法则》：引领数百家口腔诊所走向成功的日本口腔经营之神的策略

定价：45.00 元

《来自 2 万名店长的餐饮投诉应对术》：如何搞定世界上最挑剔的顾客

定价：48.00 元

《超市经营数据分析、管理指南》：来自日本的超市精细化管理实操读本

定价：60.00 元

《超市管理者现场工作指南》：来自日本的超市精细化管理实操读本

定价：60.00 元

《超市投诉现场应对指南》： 来自日本的超市精细化管理实操读本

定价： 60.00 元

更多本系列精品图书，敬请期待！

图字：01-2017-8681 号

图书在版编目（CIP）数据

让顾客不请自来!：卖场打造 84 法则 /（日）福田博秀 著；吴婷婷 译. —北京：东方出版社，2018. 5
(服务的细节；067)
ISBN 978-7-5207-0279-9

Ⅰ.①让… Ⅱ.①福… ②吴… Ⅲ.①商店—商业经营 Ⅳ.①F717

中国版本图书馆 CIP 数据核字（2018）第 047489 号

服务的细节 067：让顾客不请自来！卖场打造 84 法则
(FUWU DE XIJIE 067：RANG GUKE BUQINGZILAI！MAICHANG DAZAO 84 FAZE)

作　　者：[日] 福田博秀
译　　者：吴婷婷
责任编辑：崔雁行　高琛倩
出　　版：东方出版社
发　　行：人民东方出版传媒有限公司
地　　址：北京市东城区东四十条 113 号
邮　　编：100007
印　　刷：北京文昌阁彩色印刷有限责任公司
版　　次：2018 年 5 月第 1 版
印　　次：2018 年 5 月第 1 次印刷
开　　本：880 毫米×1230 毫米　1/32
印　　张：9. 625
字　　数：183 千字
书　　号：ISBN 978-7-5207-0279-9
定　　价：68. 00 元
发行电话：(010) 85924663　85924644　85924641

图书在版编目（CIP）数据